5.-7. Schuljahr

Friedhelm Heitmann

Karten & Co

Kartenkenntnisse verständlich vermittelt

Karten als Schlüssel zur räumlichen Orientierung

www.kohlverlag.de

Karten & Co

Grundkenntnisse verständlich vermittelt

1. Auflage 2021

Inhalt: Friedhelm Heitmann
Coverbilder: © Christian Pauschert - AdobeStock.com
Redaktion: Kohl-Verlag
Grafik & Satz: Kohl-Verlag
Druck: farbo prepress GmbH, Köln

Bestell-Nr. 12 446

ISBN: 978-3-96624-263-9

Bildquelle © Adobe.Stock.com

S.2: Africa Studio; S. 5: elena_suvorova, max_776; S. 6: Naeblys; S. 7: faveteart; S. 8: castecodesign; S. 9: Taras Livyy; S. 11: pyty, T shooter; S. 12: jokatoons; S. 13: leremy; S. 17: kawano, JackF; S. 23: Artalis-Kartographie; S. 24: cppzone; S. 28: 1000 Words Photos; S. 29: Artalis-Kartographie, leremy; S. 30: ngupakarti, tigatelu, kharlamova_lv, jokatoons; Seite 31: nutcrackerd, Stihl024; S. 32: brovarky; S. 35 Peter Hermes Furian; S. 37: lesniewski, tredoras; S. 38: Oleksandr Babich; S. 39: Laurent, Matthieu; S. 40: Tryfonov; S. 42: aigarsr; S. 43: Patrick Daxenbichler; S. 46: pyty, Miceking, ecuadorquerido; S. 47: scusi, brovarky, Stefan Thiermayer; S. 48: WavebreakMediaMicro; S. 49: Iryna Volina; S. 50: mas0380; S. 52: ii-graphics; S. 53: Christian Pauschert; S. 54: agrus; S. 55: elena_suvorova; S. 56: leremy; S. 59: Artalis-Kartographie, leremy; S. 61: Oleksandr Babich, skilledV; S. 62: Oleksandr Babich, skilledV

alle weiteren Bilder: gemeinfrei © wikipedia.de

Inhalt

KOHL VERLAG Karten & Co Grundkenntnisse verständlich vermittelt – Bestell-Nr. 12 446

Vorwort

Liebe Kolleginnen, liebe Kollegen,

Karten sind der Schlüssel zur räumlichen Orientierung. Sie tragen zudem zum Weltverständnis und zur Bewältigung von Situationen im Leben von Menschen bei. Manche betrachten die Fähigkeit, sich räumlich orientieren zu können, sogar als eine (wichtige) Kulturtechnik, vergleichbar mit Lesen, Schreiben und Rechnen. Wissenschaftler stell(t)en leider fest: Die Fähigkeit zur eigenen räumlichen Orientierung ist bei Menschen zurückgegangen, die in einer mehr und mehr technisierten Umgebung leben. Die Meinung wird vertreten, die eigene Fähigkeit zur räumlichen Wahrnehmung werde nicht genügend herausgebildet bzw. verkümmere. Die Verwendung von modernen Navigationsgeräten führe zu einem Verlust an persönlicher räumlicher Wahrnehmung. Gesprochen wird bisweilen sogar von „Orientierungs-Analphabeten“.

Einer solchen Entwicklung bei Heranwachsenden versucht der vorliegende Band entgegenzuwirken. Der Band befasst sich schwerpunktmäßig mit dem Thema Karten. Im Weiteren behandelt der Band Inhalte, die mit Karten im Zusammenhang zu sehen sind wie Himmelsrichtungen, das Gradnetz der Erde wie überhaupt die räumliche Orientierung …

Zielsetzungen des Bandes sind die Vermittlung, Festigung sowie Überprüfung elementarer Grundkenntnisse zum angesprochenen Themenbereich. Außer vielfältigen Informations- und Arbeitsblättern hält der Band unter anderem 2 Tests bzw. Arbeiten sowie am Ende jeweils 2 Blanko-Karten zur Erde, zu Europa und Deutschland bereit.

Die dargebotenen Materialien sind in erster Linie bestimmt für den Einsatz in unteren Klassen der Sekundarstufe I (Kl. 5-7). Auch zur Förderung der (geographischen) Allgemeinbildung dienen die Materialien. Zur beabsichtigten Vertiefung lassen sich weitere Materialien hinzufügen.

Für Hinweise auf etwaige Fehler und Vorschläge zur Verbesserung oder Erweiterung der Materialien sei im Voraus gedankt. Viele Lernerfolge beim Einsatz der Materialien im Unterricht erhoffen und wünschen Ihnen das Team des Kohl-Verlags und

Friedhelm Heitmann

1

Ein Bild und eine Karte im Vergleich (Blatt 1)

Hier sieht man hauptsächlich den Stadtteil Manhattan der Stadt New York, einmal auf einem Foto und unten auf einer Karte.

Aufgabe 1: *Male die Karte mit passenden Farben an.*

Aufgabe 2: *Finde die 3 in der Karte markierten Brücken auf dem Foto oben.*

1	Brooklyn Bridge
2	Manhattan Bridge
3	Williamsburg Bridge

Karten & Co
Grundkenntnisse verständlich vermittelt – Bestell-Nr. 12 446

1

Ein Bild und eine Karte im Vergleich (Blatt 2)

Aufgabe 3: *Vergleiche auf Blatt 1 das Foto und den Stadtplan miteinander. Was stellst du fest? Stelle die Unterschiede zwischen dem Foto und der Karte in einer Tabelle zusammen.*

Foto	Karte

Hier ist nun Manhattan noch einmal auf einem mit einem Computer bearbeiteten Satellitenbild zu sehen. Mit dem im Internet frei zugänglichen Programm „Google Earth“ kann jeder sehr einfach solche Bilder von jedem Teil der Erde erzeugen. Dabei kann auch mit einem Klick zwischen der Schrägansicht wie unten und der totalen senkrechten Draufsicht hin und her geschaltet werden. Auf diese Weise ist sehr gut verständlich, wie aus der Wirklichkeit bzw. dem Bild davon eine Karte entsteht.

KOHL VERLAG Karten & Co Grundkenntnisse verständlich vermittelt – Bestell-Nr. 12 446

2

Karten – was sind das?

- Karten gehören zu den Abbildungen (= zeichnerischen Darstellungen).
- Die allermeisten Karten zeigen Teile der Erdoberfläche.
- In weiteren Karten wird die gesamte Erdoberfläche dargestellt.
- Zudem gibt es Karten von anderen Himmelskörpern, z.B. vom Mond.
- Auf den allermeisten Karten erfolgt der Blick senkrecht von oben.
- Man kann dafür auch sagen „aus der Sicht der Vögel“ (= Draufsicht).
- Wirkliche Dinge werden auf Karten verkleinert wiedergegeben.
- Der Maßstab der Karte sagt jeweils aus, wie sehr Strecken auf der Karte im Vergleich zur Wirklichkeit verkleinert sind.
- Man benutzt auf Karten Zeichen, auch Symbole oder Signaturen genannt. [symbolon (grie.) = Erklärungszeichen; signum (lat.) = Zeichen]
- Die Legende (= Zeichenerklärung) der jeweiligen Karte erklärt die Bedeutung der Symbole. [*legere* (lat.) = lesen]
- Dargestellt wird auf Karten nur, was zumindest längere Zeit vorhanden war oder ist.

Aufgabe 1: *Ergänze folgende Satzanfänge zu ganzen Sätzen.*

a) Karten sind ______________________________ .

b) Es gibt Karten von ____

____ .

c) Du schaust in den allermeisten Karten ______________________________ .

d) Der senkrechte Blick von oben heißt ______________________ .

e) In Karten siehst du wirkliche ____ .

f) Am Maßstab erkennst du, ____

____ .

g) Symbole sind _______________________________ .

h) Die Zeichenerklärung ____ .

i) Das Wort Legende stammt ____ .

j) Auf Karten sieht man nur Dinge, die ______________________________________

____ .

KOHL VERLAG
Karten & Co
Grundkenntnisse verständlich vermittelt – Bestell-Nr. 12 446

3 Erstes Kartenverständnis: Klassenraum als Grundriss

Grundrisse sind Zeichnungen, die Dinge von oben gesehen darstellen. In Grundrissen wird die Umrandung, der Umfang von Gegenständen (möglichst) maßstabsgetreu verkleinert wiedergegeben. Der Vorteil ist, dass man ganz genau die Breite und Länge der Objekte sowie die Abstände dazwischen sehen kann. Man erfährt aber nichts über ihre Höhe.

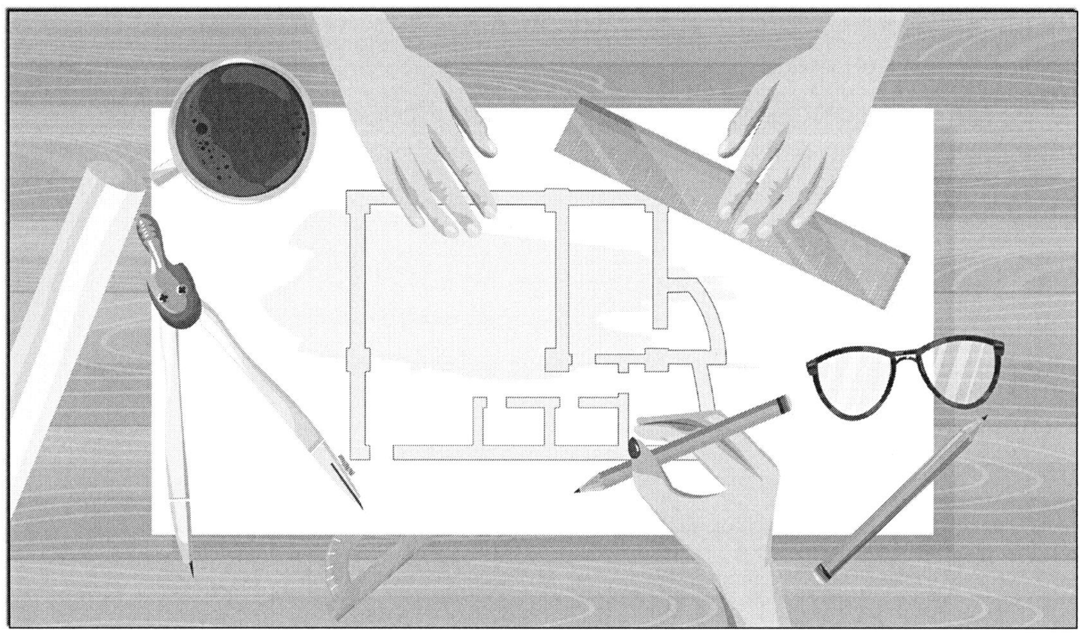

Aufgabe 1: *Zeichne einen Grundriss eures Klassenraums, beachte dabei:*

1. Miss zuerst die Länge und Breite des Klassenraumes aus.
2. Zeichne entsprechend der gemessenen Länge und Breite einen verkleinerten Grundriss des Klassenraumes entweder im Maßstab 1 : 100 (1 cm im Grundriss = 1 m in Wirklichkeit) oder im Maßstab 1 : 50 (1 cm im Grundriss = 0,5 m in Wirklichkeit). Schreibe dazu, welchen Maßstab (1:100 bzw. 1:50) du gewählt hast.
3. Trage in den Grundriss die Lage größerer Gegenstände ein, die sich im Klassenraum befinden (Tafeln, Schränke, Lehrerpult, Tische, Stühle …).
4. Zeichne einen Nordpfeil in die Richtung, wo vom Klassenraum aus gesehen die Himmelsrichtung Norden ist! Gib außerdem an, wo die 3 anderen Himmelsrichtungen Osten, Süden und Westen sind.

KOHL VERLAG Karten & Co
Grundkenntnisse verständlich vermittelt – Bestell-Nr. 12 446

4 Schule und Umgebung als Grundriss

Hier siehst du ein Schulgebäude im Schrägbild, durch diese Darstellung wirkt alles räumlich, man sieht auch die Höhe der Dinge. Auf einem Grundriss sieht man alles genau von oben, daher kann man dabei nur die Länge und Breite, nicht aber die Höhe der Objekte erkennen.

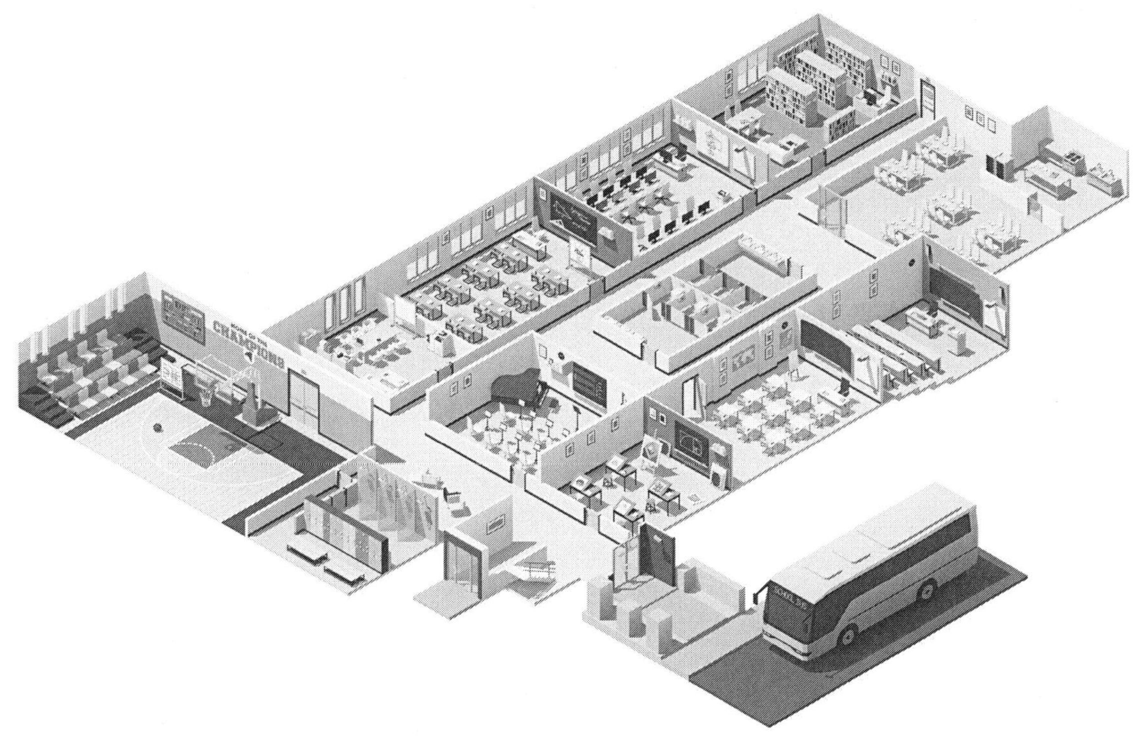

Aufgabe 1: *Zeichne einen Grundriss eurer Schule, beachte dabei:*

1. Zeichne entsprechend der geschätzten Länge und Breite einen Grundriss der Schule, in dem das Schulgelände mit den einzelnen Gebäuden und freien Flächen (Schulhof …) dargestellt wird. Zeichne entweder im Maßstab 1 : 1 000 (1 cm im Grundriss = 10 m in Wirklichkeit) oder im Maßstab 1 : 500 (1 cm im Grundriss = 5 m in Wirklichkeit). Schreibe dazu, welchen Maßstab (1:100 bzw. 1:50) du gewählt hast.
2. Notiere, wo von der Schule aus gesehen die Himmelsrichtungen Norden, Osten, Süden und Westen sind.
3. Du kannst in dem Grundriss auch Zeichen (= Symbole) verwenden (z.B. für Bäume). Erkläre die Symbole in einer Zeichenerklärung (= Legende) unterhalb des Grundrisses.

KOHL VERLAG Lernen mit Erfolg
Karten & Co
Grundkenntnisse verständlich vermittelt – Bestell-Nr. 12 446

5 Die Himmelsrichtungen auf Karten (Blatt 1)

Normalerweise ist auf Karten:

- Norden oben,
- Osten rechts,
- Süden unten,
- Westen links.

Achtung: Falls es auf einer Karte anders ist, zeigt ein Nordpfeil die Nordrichtung an. Entsprechend verschieben sich auf der Karte die anderen Himmelsrichtungen.

Es gibt aber noch andere Himmelsrichtungen:

- Zwischen Norden und Osten liegt Nordosten.
- Zwischen Osten und Süden liegt Südosten.
- Zwischen Süden und Westen liegt Südwesten.
- Zwischen Westen und Norden liegt Nordwesten ...

Aufgabe 1: *Trage zur folgenden Karte ein: Wo liegt welche Himmelsrichtung?*

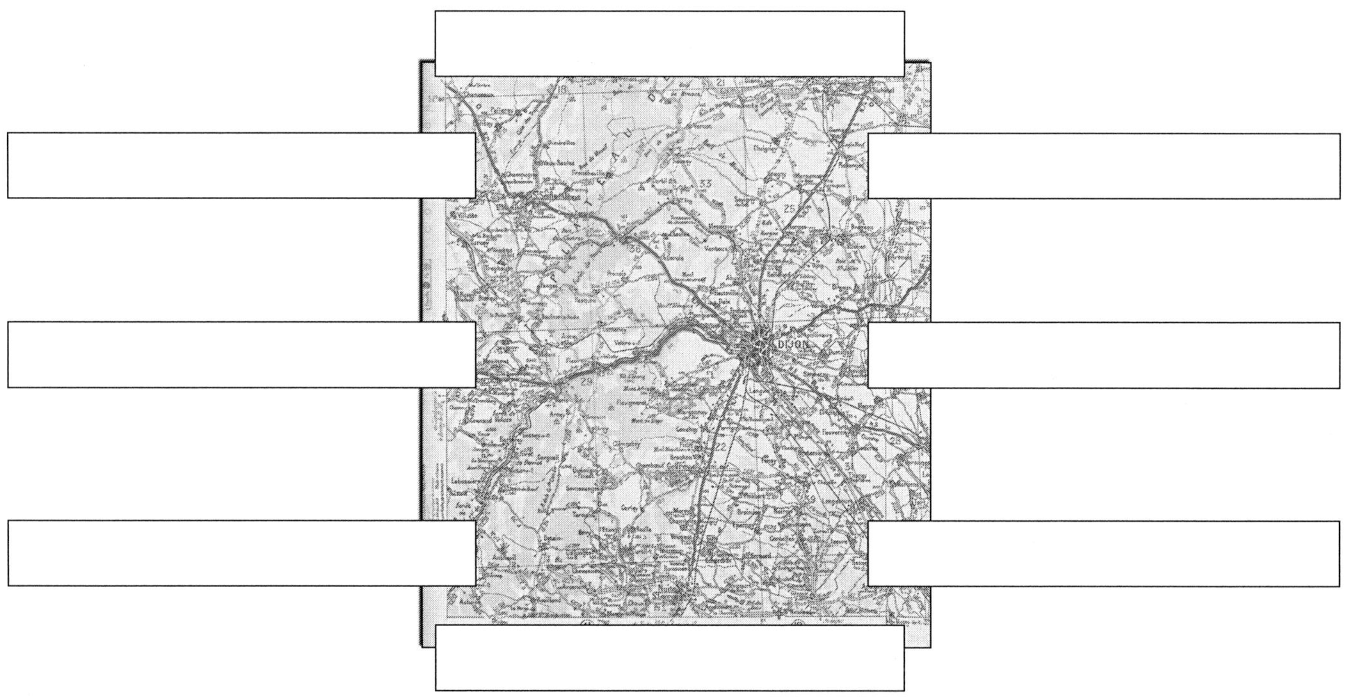

Aufgabe 2: *Wozu sind wohl diese beiden Sätze zu gebrauchen?*

a) „Nie ohne Seife waschen!“ und

b) „Nie ohne Stiefel wandern!“

Bei uns auf der Nordhalbkugel der Erde ist die Sonne

- morgens im **Osten**,
- mittags im **Süden**
- und abends im **Westen** zu sehen.

Dafür gibt es den Spruch:

- „Im Osten geht die Sonne auf,
- im Süden ist ihr Mittagslauf,
- im Westen wird sie untergehen,
- im Norden ist sie nie zu sehen.“

Karten & Co
Grundkenntnisse verständlich vermittelt – Bestell-Nr. 12 446
KOHL VERLAG

5 Die Himmelsrichtungen auf Karten (Blatt 2)

Deutschland hat 9 Nachbarstaaten, in jeder der 4 Haupthimmelsrichtungen befindet sich mindestens ein Nachbarstaat.

Aufgabe 3: *Bestimme die Nachbarstaaten (= benachbarte Länder) Deutschlands. Informiere dich in einem Atlas oder im Internet, wenn du nicht weißt, welche Staaten es sind.*

a) im Norden: ______________________

____

b) im Osten: ______________________

____

c) im Süden: ______________________

____

d) im Westen: ______________________

____

Die wichtigsten Himmelsrichtungen

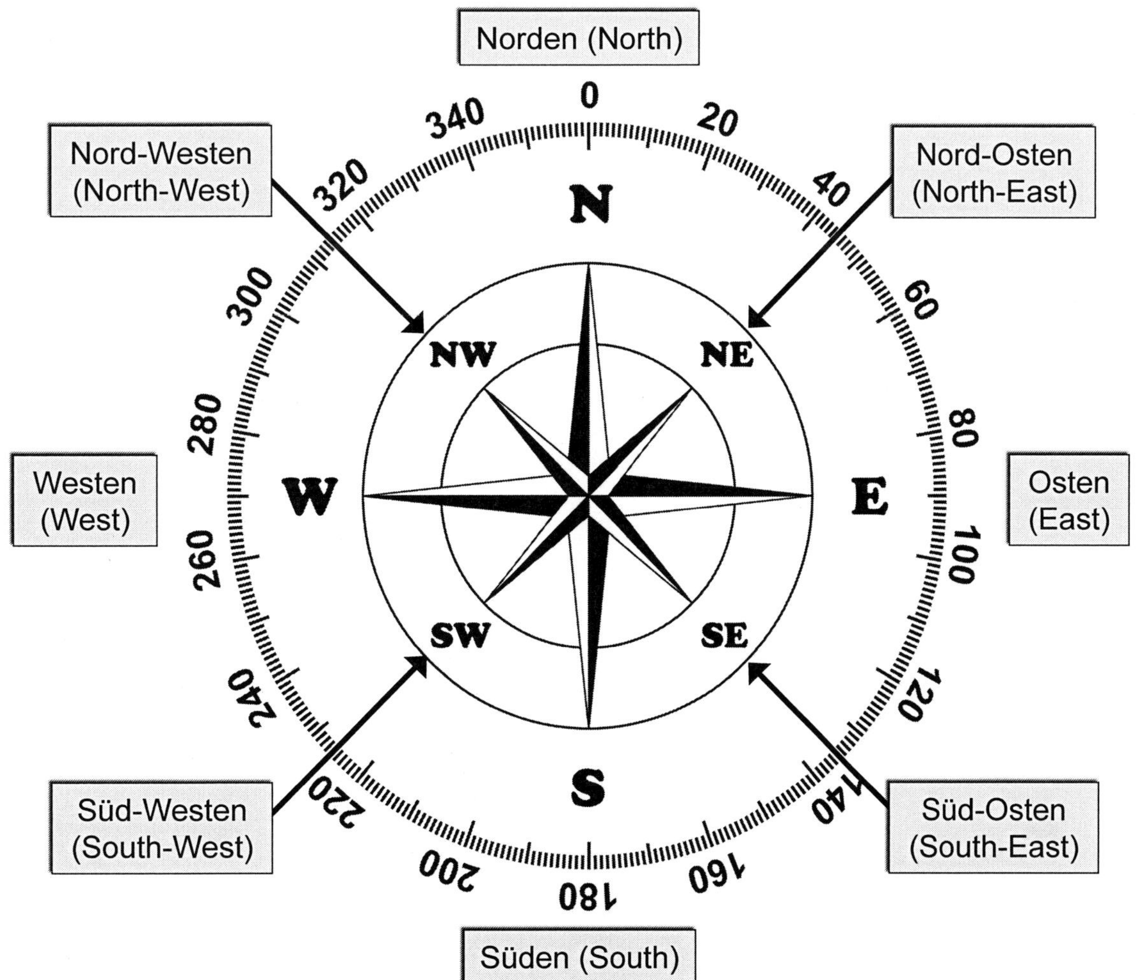

Karten & Co
Grundkenntnisse verständlich vermittelt – Bestell-Nr. 12 446
KOHL VERLAG

6 Die Bedeutung von Farben auf Karten

Aufgabe 1: *Setze die folgenden Wörter an den jeweils richtigen Stellen ein.*

Tiefland – schwarze – Rot – Meeresflächen – Grenzen – gelbe – Gelb – Dunkelgrün – Braun – Blau

a) Für Gewässer, also Flüsse , Kanäle, Seen, Meere … benutzt man die Farbe ________. Je dunkler auf Karten das Blau ist, desto tiefer sind die ____________________________.

b) Auf den meisten Karten ist an der grünen Farbe ___________________ (= flaches Land) zu erkennen. ___________________ weist auf Höhen von 0-100 m hin, Hellgrün auf Höhen von 100-200 m. Mit grüner Farbe werden auf so manchen Karten (auch) Wald-, Gras-, Sumpf- und Moorflächen gekennzeichnet.

c) Höher gelegene Gebiete haben auf Karten in der Regel die Farben ____________ und/oder ______________. Hierbei gilt häufig : Hellgelb = 200-500 m, Hellbraun = 500-1 000 m, Dunkelbraun = 1 000-1 500 m, stark Dunkelbraun = über 1 500 m Höhe.

d) Die Farbe ______ dient gewöhnlich für die Lage von Städten, Dörfern und anderen Siedlungsflächen sowie ebenfalls dazu, den Verlauf von staatlichen ________________ aufzuzeigen.

e) ________________ Linien weisen normalerweise auf Eisenbahnlinien hin, _______ Linien auf Straßen oder Autobahnen.

Aufgabe 2: *Male den Querschnitt passend mit den Farben an, die im vorangehenden Text genannt werden.*

7

Einige Symbole – in Karten verwendet

Aufgabe 1: *Hier sind verschiedene Symbole (= Zeichen) abgebildet, die in Landkarten zu finden sind. Ordne ihnen die passenden Bezeichnungen aus dem Kasten zu.*

Aussichtspunkt – Bahnhof – Bergwerk – Brücke – Burg, Schloss – Burg-, Schlossruine – Campingplatz – Denkmal – Eisenbahn – Flugplatz – Fluss, Bach – Friedhof – Gebäude – Gras, Wiese – Grenze – Hotel – Kirche, Kapelle – Laubwald – Mischwald – Moor, Sumpf – Museum – Nadelwald – Nordpfeil – Öffentliche Toilette – Parkplatz – Pfad – Restaurant – See, Teich – Sportplatz – Straße, Weg – Touristeninformation – U-Bahn-Station

Nr.	Symbol	Bezeichnung
1		
3		
5		
7		
9		
11		
13		
15		
17		
19		
21		
23		
25		
27	P	
29		
31		

Nr.	Symbol	Bezeichnung
2		
4		
6	U	
8		
10		
12		
14		
16		
18		
20		
22		
24		
26	H	
28		
30		
32		

KOHL VERLAG Karten & Co Grundkenntnisse verständlich vermittelt – Bestell-Nr. 12 446

8 Höhenlinien und sonstige Inhalte einer Karte erkennen

Auf manchen Karten werden unterschiedliche Höhen in der Landschaft nicht durch verschiedene Farben dargestellt, sondern durch Höhenlinien. Höhenlinien sind vor allem auf Wanderkarten anzutreffen. Alle Punkte, die auf derselben Höhenlinie liegen, haben die gleiche Höhe. Je dichter 2 oder mehrere Höhenlinien nebeneinander verlaufen, desto steiler ist es dort in der Landschaft. Je weiter die Höhenlinien voneinander entfernt sind, um so flacher ist das Gelände hier.

Aufgabe 1: *Auf welcher Seite (Nord-, Ost-, Süd- oder Westseite) ist der dargestellte Berg steiler, wo ist er flacher?*

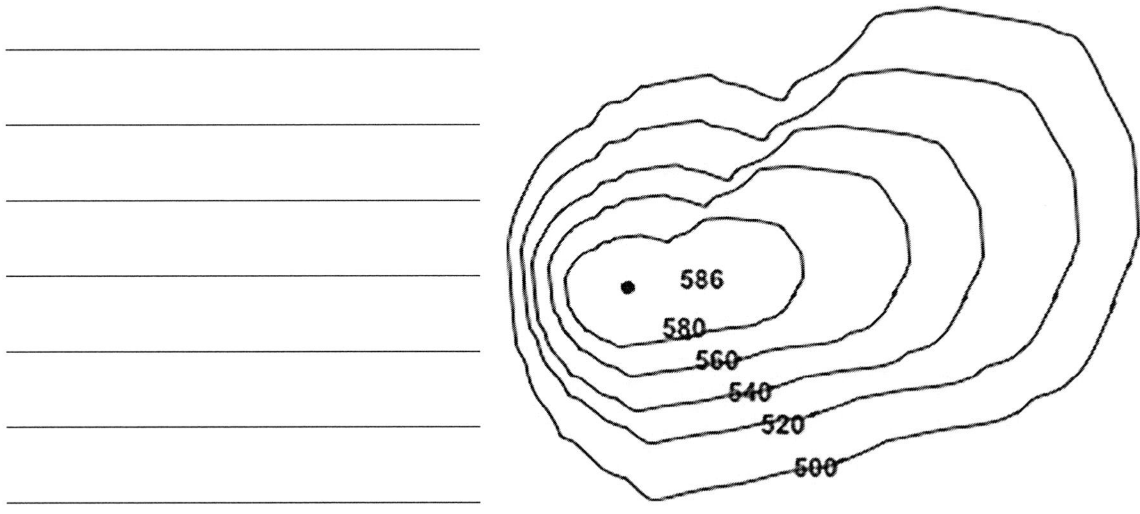

Aufgabe 2: *Beschreibe, was auf der Karte dargestellt wird! Beachte die Symbole (s. Blatt „Einige Symbole - in Karten verwendet").*

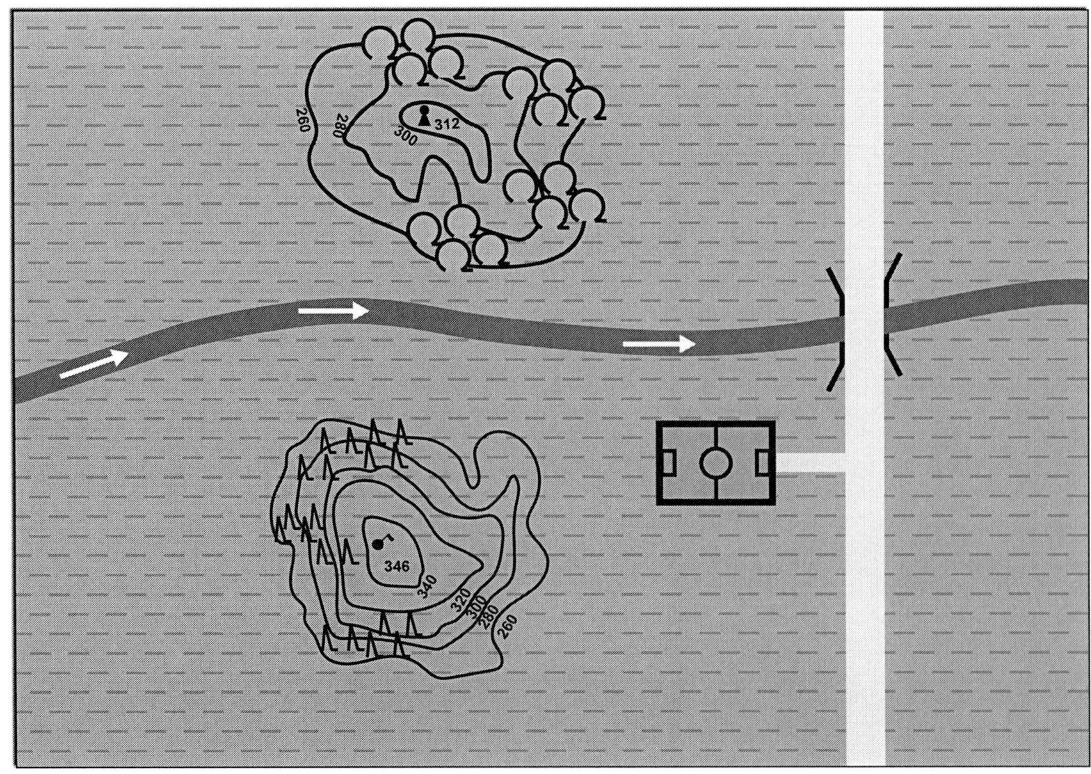

KOHL VERLAG Karten & Co Grundkenntnisse verständlich vermittelt – Bestell-Nr. 12 446

9

Ein Höhenprofil durch Deutschland

Höhenprofile geben von der Seite gesehen die Höhen in einem Gebiet im jeweils richtigen Verhältnis an.

Aufgabe 1: *Zeichne an Hand des vorliegenden Kartenausschnittes und mit Hilfe einer oder mehrerer Karten aus einem Atlas ein Höhenprofil durch Deutschland. Das Höhenprofil soll von der Ostseeinsel Fehmarn entlang des 11. östlichen Längengrades bis zur Zugspitze (= höchster Berg Deutschlands) verlaufen. Arbeite sorgfältig!*

10° ö.L. 11° ö.L. 12° ö.L.

3 000 m Höhe 2 000 m Höhe 1 000 m Höhe 0 m Höhe

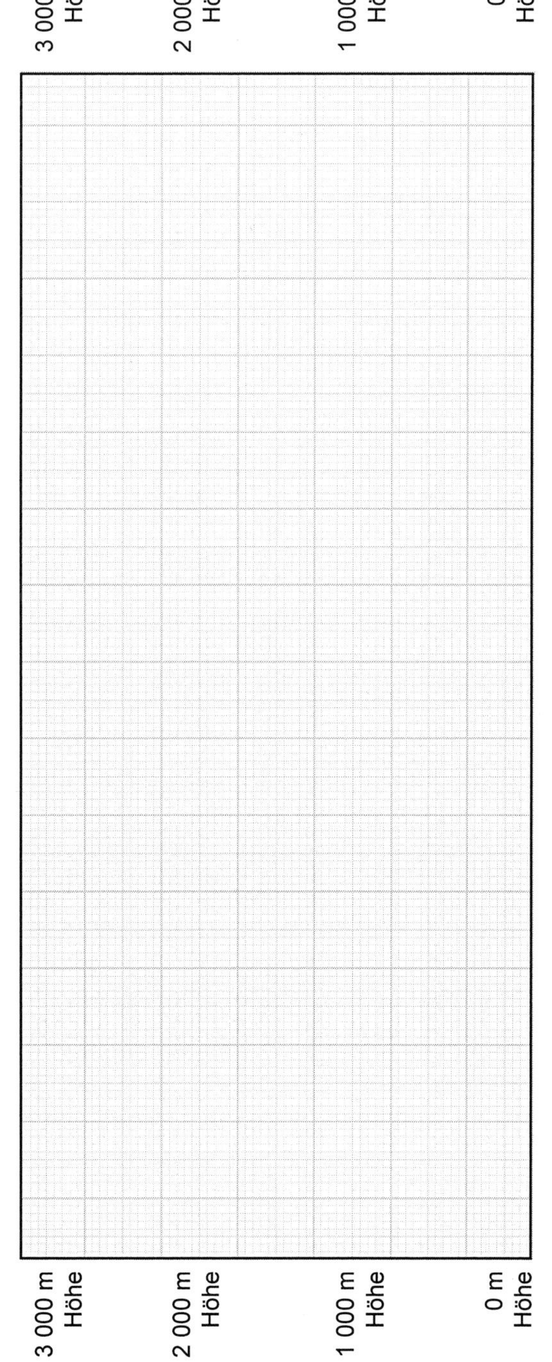

10° ö.L. 11° ö.L. 12° ö.L.

3 000 m Höhe 2 000 m Höhe 1 000 m Höhe 0 m Höhe

KOHL VERLAG Karten & Co Grundkenntnisse verständlich vermittelt – Bestell-Nr. 12 446

10

Kreuzworträtsel 1

Aufgabe 1: *Löse dieses Rätsel! (ß, Ä, Ö, Ü direkt so übernehmen)*

	Waagerecht
1.	wird auch grün gezeichnet
3.	östliches Nachbarland Deutschlands
5.	wie Vögel es sehen
7.	Symbol sieht wie ein Spielstein aus.
9.	Dort steht die Sonne mittags.
10.	zeichnerische Darstellung
11.	Symbol ist eine rote Linie.
12.	Solche Höhenlinien bedeuten steil.
15.	nur Breite/Länge der Dinge zu sehen
16.	Zeichen auf der Karte
21.	dwetaillierte Art von Karte

	Senkrecht
2.	oft auf Karten zu sehen
4.	Himmelskörper
6.	Grundlage einer Karte
8.	hat als Zeichen einen Säulentempel
13.	zwischen Westen und Norden
14.	zum Verstehen der wahren Größe
17.	Das sieht man nur auf der Wetterkarte.
18.	So kennzeichnet man hohe Berge.
19.	Wenn Maßstab …, dann Maßstabszahl kleiner.
20.	Es gibt mehrere … von Karten.
22.	Zeichen ist manchmal bei Flüssen.

KOHL VERLAG Karten & Co Grundkenntnisse verständlich vermittelt – Bestell-Nr. 12 446

11 Vom Bild oder Phantasiebild zur Karte

Aufgabe 1: *Suche dir eines der beiden Bilder aus oder stelle dir im Kopf eine Phantasielandschaft vor. Erstelle dazu eine Karte. Vergiss die Legende (= Zeichenerklärung) und auch die Angabe des Maßstabes (Bsp. 1: ...) nicht.*

12 Planquadrate (Blatt 1)

Auf Stadtplänen findet man in der Regel Planquadrate vor. Sie dienen vor allem zum schnellen Finden gesuchter Straßen. Planquadrate sind aneinander gelegte rechteckige Felder, meistens Quadrate, wie der Name schon sagt. Buchstaben (von links nach rechts) und Zahlen (von oben nach unten) an den Rändern des Stadtplans geben jedem Feld eine bestimmte Bezeichnung, z.B. B4 oder D2. Außer der in Planquadrate aufgeteilten Karte gibt es ein alphabetisch geordnetes Straßenverzeichnis. Hinter den Straßennamen steht geschrieben, durch welche Planquadrate die Straßen auf der Karte verlaufen.

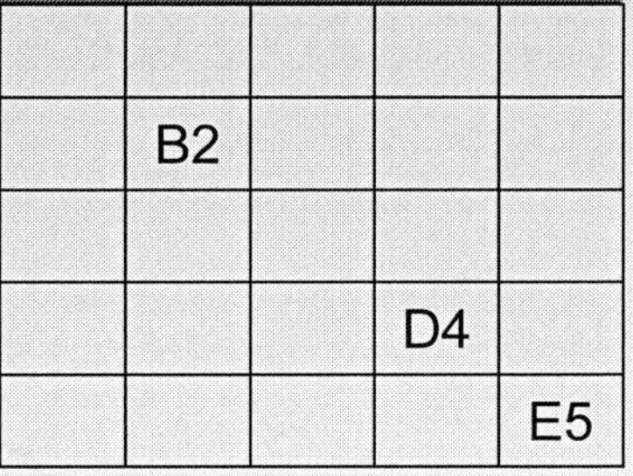

Aufgabe 1: *Ergänze die fehlenden Bezeichnungen der Planquadrate (oben).*

Auf dem Foto der norwegischen Stadt Stavanger sind die Objekte b, i, j, k markiert, die man in Aufgabe 2 auf Blatt 2 im zugehörigen Stadtplan finden soll. Auf den 2 kleinen Fotos darunter sieht man die Punkte i und j der Aufgabe 2.

12

Planquadrate (Blatt 2)

Aufgabe 2: *Finde jeweils das/die Planquadrat(e) der Objekte. Beachte das große Foto auf Blatt 1 und bei i) und j) auch die kleinen Fotos darunter.*

a) 3 Friedhöfe ______________ **b)** der See „Breiavatnet" _____

c) Dom ______ **d)** Museen __________________________________

e) Bahnhof ___________ **f)** Touristeninfo ___________

g) Autobahn ___________

h) Die Straße Lokkeveien geht durch die 4 Planquadrate _________________ .

i) Valberg Turm _______ **j)** Schifffahrtsmuseum ______

k) Johan Gjøstein Platz _____

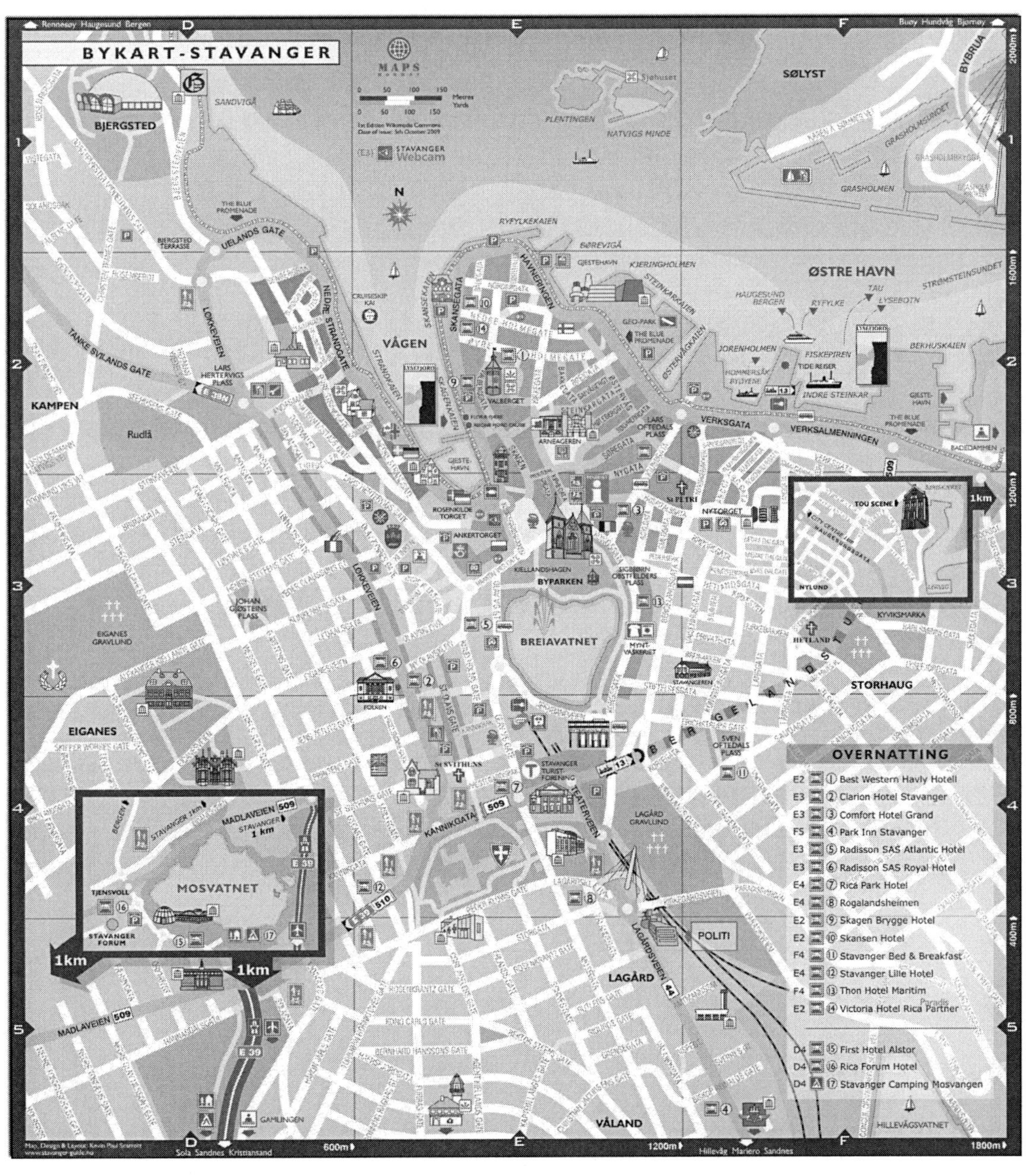

Karten & Co
Grundkenntnisse verständlich vermittelt – Bestell-Nr. 12 446
KOHL VERLAG

13

Der Maßstab auf Karten (Blatt 1)

Der Maßstab der Karte gibt das Größenverhältnis zwischen Strecken auf der Karte und den wirklichen Strecken an. Mit anderen Worten: Der Maßstab drückt zahlenmäßig aus, wie sehr Strecken auf der Karte im Vergleich zur Wirklichkeit verkleinert sind. Auf Karten wird der Maßstab als Maßstabsleiste und/oder als Ausdruck „**1 : Maßstabszahl**“ angegeben.

Ein Beispiel für eine **Maßstabsleiste**:

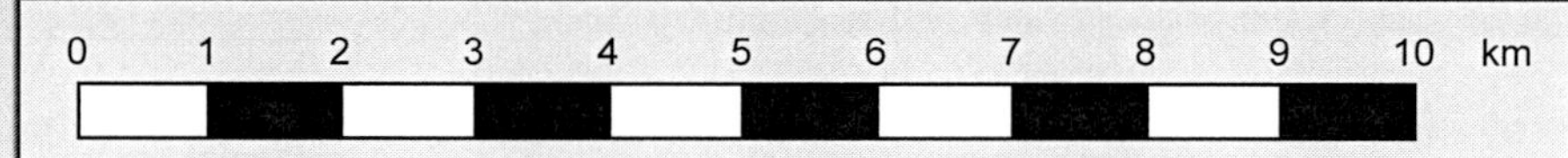

Nachmessen ergibt: 1 cm auf der Karte ≙ (gesprochen „entspricht“) in Wirklichkeit 1 km. Das als Maßstabsleiste angegebene Beispiel heißt als Ausdruck „1 : Maßstabszahl“

1 : 100 000 (gesprochen „1 zu 100 000“)

ergibt: 1 cm auf der Karte ≙ (in Wirklichkeit 100 000 cm = 1 000 m = 1 km.

Unterschieden wird zwischen:

- großen Maßstäben z.B. bis ca. 1 : 50 000;

- mittleren Maßstäben z.B. von ca. 1 : 50 000 bis ca. 1 : 1 000 000;

- kleinen Maßstäben z.B. ab ca. 1 : 1 000 000.

Bei einer kleinen Maßstabszahl (z.B. 5 000) ist der Maßstab (1 : 5 000) groß. Der Maßstab (z.B. 1 : 2 000 000) ist jedoch klein, wenn die Maßstabszahl (2 000 000) groß ist. Auf Karten mit großen Maßstäben wird der Inhalt größer und genauer dargestellt als auf Karten mit mittleren oder kleinen Maßstäben.

Hinweis: Die Grenzen zwischen großen, mittleren und kleinen Maßstäben werden in der Kartenkunde unterschiedlich gezogen.

großer Maßstab
Maßstabszahl 25 000
1 cm ≙ 250 m
1 : 25 000
0 500 1 000 m

13 Der Maßstab auf Karten (Blatt 2)

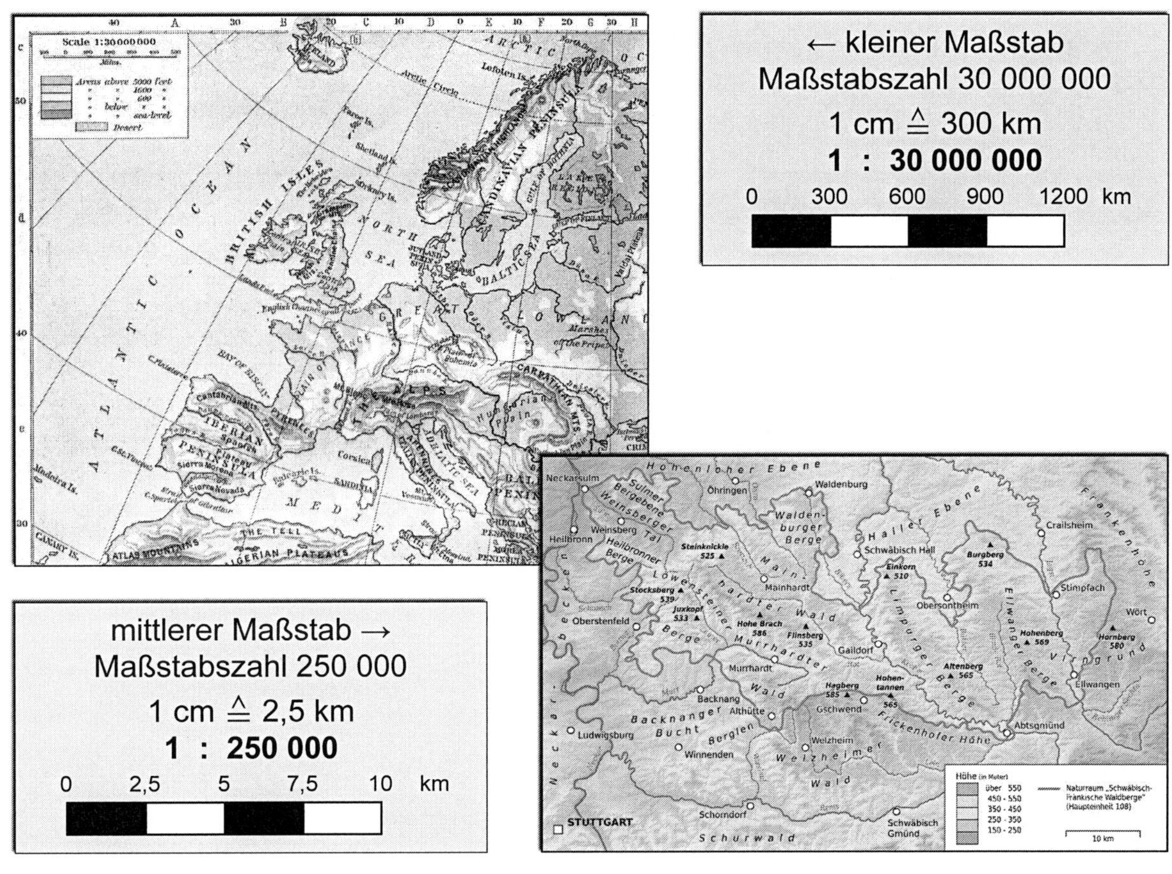

Aufgabe 1: *Beantworte in vollständigen Sätzen.*

a) Was ist mit dem Wort Maßstab auf Karten gemeint? ______________________

____

b) Wie wird der Maßstab auf Karten angegeben? ______________________

____

c) Zwischen welchen 3 verschiedenen Größen von Maßstäben unterscheidet man?

____

____

d) Wie ist der Maßstab auf der Karte, wenn die Maßstabszahl klein ist?

____

e) Wie ist der Maßstab auf der Karte, wenn die Maßstabszahl groß ist?

____

f) Auf welchen Karten wird der Inhalt größer und genauer dargestellt?

____

____

Karten & Co
Grundkenntnisse verständlich vermittelt – Bestell-Nr. 12 446
KOHL VERLAG

14 Umwandlung von Längenmaßen auf Karten

Um eine Entfernung auf der Karte mit Hilfe der Maßstabszahl richtig zu verstehen, sind 2 Schritte nötig. Zunächst entspricht 1 cm auf der Karte so viel cm in Wirklichkeit, wie die Zahl rechts vom Doppelpunkt lautet. Beispiel:

1 : 100 bedeutet: 1 cm auf der Karte ≙ 100 cm in der Wirklichkeit

Dann muss dieser cm-Wert noch in m oder dann noch in km umgerechnet werden (siehe Beispiel 1), um einen handlichen, nicht zu großen Zahlenwert zu erhalten. Unter 250 km kann man sich ja mehr vorstellen als unter 25 Mio. cm. Wir wissen bzw. sollten wissen und beim Umrechnen beachten:

	−2 Stellen		−3 Stellen	
cm	→	m	→	km

Beispiel 1: 150 000 cm = 1 500 m = 1,5 km

	+3 Stellen		+2 Stellen	
km	→	m	→	cm

Beispiel 2: 3 km = 3 000 m = 300 000 cm

Aufgabe 1: *Wie viel m und wieviel km sind in Wirklichkeit 1 cm auf der Karte? Berechne dies für verschiedene Maßstabszahlen und ergänze die Tabelle.*

	Maßstabszahlen	**1 cm auf der Karte entspricht in Wirklichkeit**
1 :	5 000	5 000 cm = 50 m = 0,05 km
1 :	20 000	20 000 cm = 200 m = 0,2 km
1 :	50 000	50 000 cm = 500 m = 0,5 km
1 :	70 000	
1 :	150 000	
1 :	300 000	
1 :	750 000	
1 :	860 000	
1 :	1 000 000	
1 :	1 200 000	
1 :	8 000 000	
1 :	12 000 000	
1 :	25 000 000	

Aufgabe 2: *Wie lautet jeweils die Maßstabszahl, wenn*

a) 1 cm auf der Karte In Wirklichkeit 300 m sind? ____________________

b) 1 cm auf der Karte In Wirklichkeit 5 km sind? ____________________

KOHL VERLAG Karten & Co Grundkenntnisse verständlich vermittelt – Bestell-Nr. 12 446

15 Berechnung von Entfernungen

So berechnet man wirkliche Entfernungen mit Hilfe der Karte:

1. Ausgehend vom Maßstab rechnest du aus: Wie viel entspricht 1 cm auf der Karte in Wirklichkeit? Die obere Karte hat den Maßstab 1 : 5 000 000, also entspricht 1 cm auf der Karte in Wirklichkeit 50 km, denn: 5 000 000 cm = 50 000 m = 50 km.
2. Nun misst du auf der Karte mit einem Lineal den Abstand zwischen 2 Punkten (z.B. zwischen den beiden Städten Hamburg und Berlin) in cm aus. Der Abstand auf der Karte beträgt 5,1 cm.
3. Jetzt multiplizierst du, wie viel 1 cm auf der Karte in Wirklichkeit entspricht, mit dem per Lineal gemessenen Abstand (in cm) zwischen den beiden Punkten: 50 km · 5,1 = 255 km, somit beträgt die Entfernung zwischen Hamburg und Berlin (Luftlinie!) ca. 255 km.

Aufgabe 1: *Berechne die wirklichen Entfernungen (Luftlinie!) zwischen den anschließend genannten Städte.*

a) Berlin bis München

____

____

____

b) Düsseldorf bis Kiel

____

____

____

c) Saarbrücken bis Dresden

____

____

____

d) Hannover bis Stuttgart

____

____

____

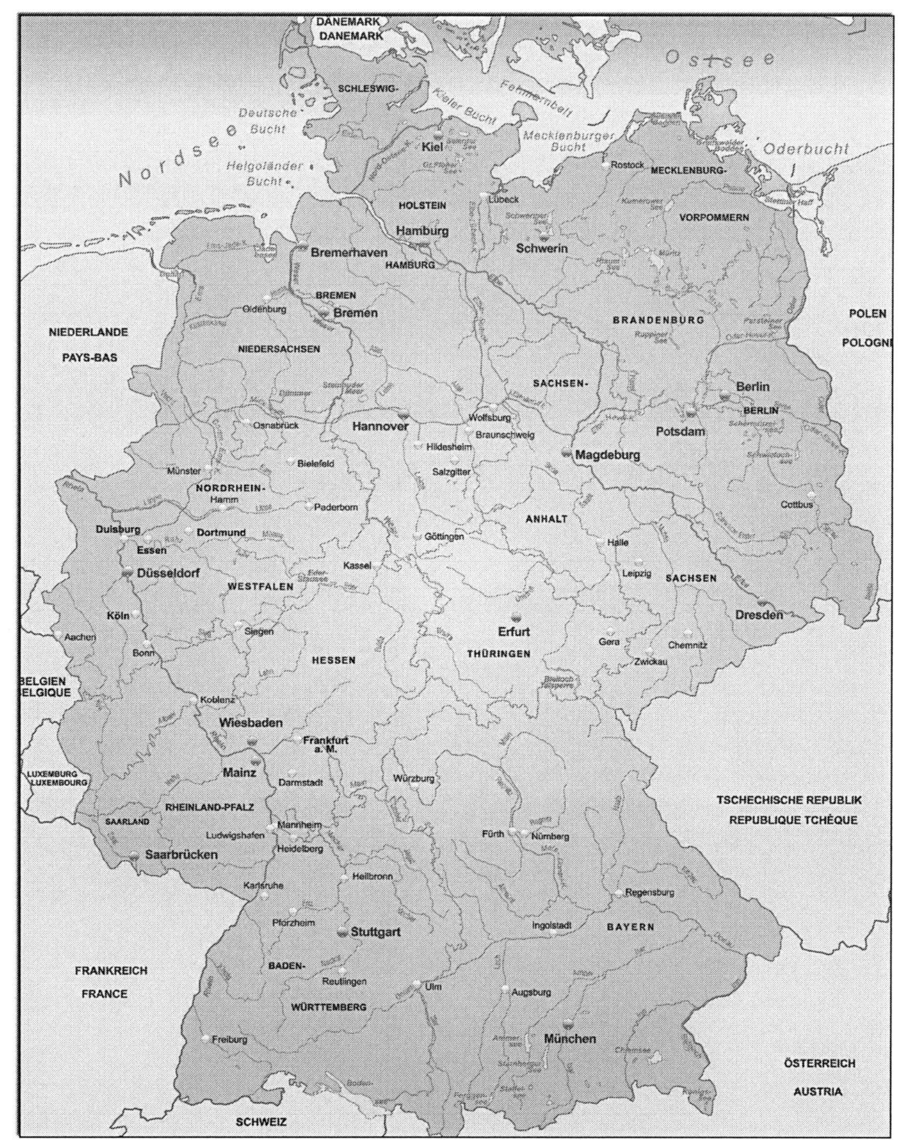

16

Wiederholung Maßstab und Symbole

__Aufgabe 1__: *Richtig (R) oder falsch (F)? Kreuze an.*

		R	F
a	Normalerweise ist auf Karten Westen rechts.		
b	Das Zeichen für eine Kirche oder Kapelle ist ein schwarzer Kreis mit einem Kreuz oben darauf.		
c	225° entspricht der Himmelsrichtung Süd-Osten.		
d	Die Schweiz ist ein westliches Nachbarland von Deutschland.		
e	„Nie ohne Stiefel wandern!" weist in der Legende einer Wanderkarte auf schlechte Wege hin.		
f	Ab 200 m und höher verwendet man die Farben Gelb und Braun zur Kennzeichnung der Höhenlage der Landschaft.		
g	Ein undeutlicher Weg oder Pfad wird meistens durch gestrichelte Linien eingezeichnet.		
h	Am oberen Rand der Karte werden die Planquadrate mit Zahlen durchnummeriert.		
i	Bei einer kleinen Maßstabszahl ist der Maßstab groß.		
j	Zur Bestimmung von wirklichen Entfernungen sollte man (zumindest überschlagsmäßig) multiplizieren können.		

__Aufgabe 2__: *Korrigiere nun die falschen Aussagen der Aufgabe 1.*

____

____

____

____

____

17

Verschiedene Typen von Karten (Blatt 1)

Karten lassen sich nicht nur vom Maßstab unterscheiden, sondern auch vom Inhalt her. Inhaltlich betrachtet wird grob differenziert zwischen **topographischen** und **thematischen** Karten. Topographische Karten geben vielfältige Dinge in Gebieten wieder. Auf topographischen Karten sind zu sehen Gewässer, Oberflächenformen, Orte, Straßen, Eisenbahnlinien ... Das zusammengesetzte Wort „topographisch“ kommt aus der griechischen Sprache: topos (griech.) = Ort, Stelle; graphein (griech.) = (be-) schreiben, zeichnen.

Thematische Karten befassen sich in der Regel mit jeweils einer Sache (= Thema). Ein Thema kann z.B. sein: „Klima und Vegetation“ bzw. „Erdbeben und Vulkanismus“. Topographisches steht dabei höchstens im Hintergrund. Auf **physischen** [physis (griech.) = Natur] Karten werden natürliche Gegebenheiten der Erdoberfläche dargestellt, z.B. Gebirge und Tieflandschaften. Auf **politischen** Karten geht es darum, die Grenzen von Staaten, Bundesländern sowie die Lage der Hauptstädte aufzuzeigen. Häufig weisen die Staaten bzw. Bundesländer auf den politischen Karten verschiedene Farben auf. Auf **Wirtschaftskarten** ist gewöhnlich u.a. zu sehen, wo es welche Bodenschätze und/bzw. welche Industriezweige gibt.

Aufgabe 1: *Erkläre in eigenen Sätzen:*

a) Was sind topographische Karten? ______________________________

____

b) Was sind thematische Karten? ______________________________

____

c) Was sind physische Karten? ______________________________

____

Aufgabe 2: *Suche im Atlas jeweils eine Beispielkarte der anschließend genannten Kartentypen. Notiere die Seitenzahl(en) der jeweiligen Karte und beschreibe (näher), was darauf zu sehen ist.*

a) topographische Karte ______________________________

____

b) thematische Karte ______________________________

____

c) physische Karte ______________________________

____

d) politische Karte ______________________________

____

KOHL VERLAG Lernen mit Erfolg
Karten & Co
Grundkenntnisse verständlich vermittelt – Bestell-Nr. 12 446

17 Verschiedene Typen von Karten (Blatt 2)

Aufgabe 3: *Um welchen Kartentyp handelt es sich jeweils (topographische, thematische, physische oder politische Karte)?*

a)

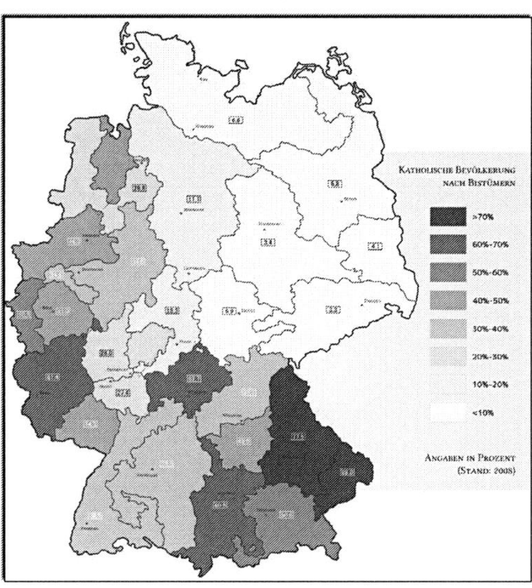

____

b)

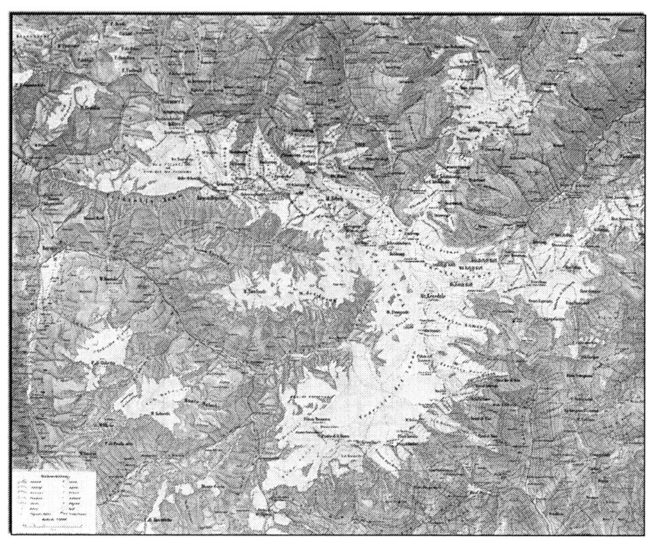

____

c)

____

d)

____

Karten & Co
Grundkenntnisse verständlich vermittelt – Bestell-Nr. 12 446
KOHL VERLAG

18

Atlanten

Atlanten bestehen im Wesentlichen aus zahlreichen Karten. Ein Atlas ist sozusagen eine Sammlung von Karten, ein Kartenwerk. Im Atlas sind Karten mit verschiedenen Maßstäben vorzufinden, auch unterschiedliche Kartentypen. Der Geograph **Gerhardus Mercator** (1512-1594), der eigentlich Gerhard Kremer hieß, benutzte erstmals den Begriff Atlas für ein Kartenwerk. G. Mercator widmete sein Kartenwerk dem angeblichen König Atlas von Mauretanien, den er für klug hielt.

Ein Schulatlas ist oft so gegliedert: Am Anfang gibt es ein Inhaltsverzeichnis. Danach folgt manchmal eine Einführung zum Thema Kartenkunde. Anschließend kommen im Schulatlas als Hauptteil die einzelnen Karten. Schließlich bietet der Schulatlas alphabetisch geordnet ein Register aller Namen (Staaten, Städte, Gebirge, Seen, Flüsse ...), die auf den Karten genannt werden. In diesem Register werden hinter den Namen die Seitenzahlen und sodann die Felder (z.B. Seite 98 B5) angeführt, wo die Namen im Schulatlas zu finden sind. Bisweilen existiert im Schulatlas auch ein Verzeichnis, in dem geographische Grundbegriffe erklärt werden.

Atlanten enthalten viele interessante Dinge. Es lohnt sich, die Karten zu betrachten. Man kann in Gedanken (z.B. mit jeweils einem Finger auf einer oder mehreren Karten) Reisen unternehmen. Der US-amerikanische Schriftsteller Mark Twain (1835-1910) soll gesagt haben:

„Ein Atlas kann einem eine ganze Weltreise ersparen."

Aufgabe 1: *Was meinst du zur Aussage von Mark Twain?*

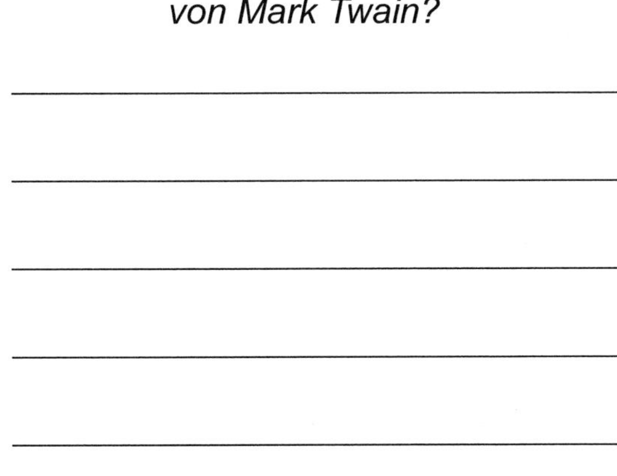

Aufgabe 2: *Bereite dich auf eine (kurze)* **Präsentation** *(Vortrag) zum Thema Atlanten vor. Schreibe dir in Stichwörtern auf, was du sagen möchtest.*

Karten & Co
Grundkenntnisse verständlich vermittelt – Bestell-Nr. 12 446
KOHL VERLAG

19

Atlas-Rallye

Aufgabe 1: *Beantworte mit Hilfe eines Atlasses.*

1. An welcher Meeresbucht liegt die Stadt Wilhelmshaven? ______________________
2. Wie heißt der größte Binnensee in Mecklenburg-Vorpommern? ____________________
3. Wie hoch ist der Fichtelberg? ____
4. Welches Gebirge grenzt in Rheinland-Pfalz an die Mosel? _______________
5. Wie viel km beträgt etwa die Entfernung (Luftlinie) Stuttgart - München? _____
6. Wie viele m beträgt die größte Tiefe im Bodensee? _______________________
7. Wie heißt die größte Insel im Mittelmeer? ______________________________
8. Wie heißt die Meerenge zwischen Europa und Asien bei Istanbul? __________
9. In welchen großen Binnensee mündet die Wolga? _______________________
10. In welchem Land befindet sich in Europa das Nordkap? __________________
11. In welchem US-Bundesstaat liegt Anchorage? __________________________
12. Welcher Fluss bildet die Grenze zwischen den USA und Mexiko? __________
13. Welcher Berg ist in Südamerika am höchsten? __________________
14. Wie hoch über dem Meeresspiegel liegt der geographische Südpol? _______
15. Wie heißt die deutsche Forschungsstation in Antarktika? _________________
16. Wie kalt ist es etwa am Kältepol von Antarktika? ________________________
17. Welche Stadt ist die Hauptstadt von Namibia? __________________________
18. Welcher Inselstaat liegt vor der Westküste Afrikas? ______________________
19. Welches Gebirge verläuft durch Marokko und Algerien? __________________
20. Welche zwei langen Flüsse fließen durch den Irak? ______________________
21. Durch welchen Binnensee erstreckt sich die Grenze zwischen Kasachstan und Usbekistan? ____
22. Welche Wüste liegt im Grenzbereich von Pakistan und Indien? ____________
23. Welcher Berg ist in Australien am höchsten? __________________________
24. Wie heißt die größte Insel Australiens? ______________________________
25. Welche Stadt in Neuseeland hat die meisten Einwohner? ________________

KOHL VERLAG Karten & Co
Grundkenntnisse verständlich vermittelt – Bestell-Nr. 12 446

20

Test 1 bzw. Arbeit 1

1. Welche 2 Dinge gehören unbedingt zu einer vollständigen Karte?

   a) ______________________ b) ______________________

2. Trage die Himmelsrichtungen ein.

3. Was bedeutet …? **Blau**: ______________________

   Grün: ______________________

   Braun: ______________________

   Gelb: ______________________

   Rot: ______________________

4. Je dichter Höhenlinien nebeneinander verlaufen, desto ______________________

5. Erkläre, was die folgenden Zeichen auf Karten bedeuten.

ΩΩ		ΛΛ			

6. Planquadrate sind … ______________________

   ____

7. Rechne um:

	Maßstabszahlen	1 cm auf der Karte sind in Wirklichkeit			
1 :	40 000		m =		km
1 :	200 000		m =		km
1 :	15 000 000		m =		km
1 :	100 000 000		m =		km

8. Wenn 1 cm auf der Karte in Wirklichkeit 50 m sind, ist der Maßstab 1 : ____________?

9. Wenn 1 cm auf der Karte in Wirklichkeit 10 km sind, ist der Maßstab 1 : ____________?

10. Welche 2 Typen von Karten werden hauptsächlich unterschieden? ____________?

    ____

11. Was kannst du zum Thema Atlanten sagen? ______________________

    ____

    ____

Karten & Co
Grundkenntnisse verständlich vermittelt – Bestell-Nr. 12 446
KOHL VERLAG

21 Der Globus

Der Globus ist ein sehr stark verkleinertes Modell der Erde. Das Wort Globus stammt aus der lateinischen Sprache. Übersetzt in die deutsche Sprache heißt „globus" so viel wie „Kugel" oder „Ball". Die Form der Erde ähnelt einem Ball. Die Erde ist jedoch in den Polargebieten abgeflacht. Durch den Globus wird deutlich: Die Erdachse steht schräg (ca. 23,5°). Mit dem Globus lässt sich gewöhnlich die Drehbewegung der Erde um die eigene Achse zeigen. Die Erde dreht sich von Westen nach Osten. Der Globus verdeutlicht viele Dinge, z.B. im Vergleich die unterschiedlichen Größen der Ozeane (= Weltmeere), Kontinente (= Erdteile), Staaten (= Länder). Normalerweise ist auf dem Globus das Gradnetz der Erde eingezeichnet.

Wir stellen einen eigenen Globus in Partnerarbeit her

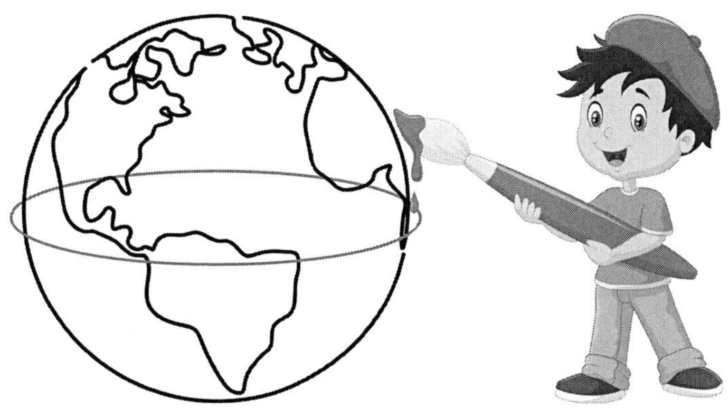

Dafür besorgen wir uns eine möglichst große Kugel aus Styropor (z.B. aus einem Bastel- oder Blumengeschäft). Auf der Kugel lassen sich mit einem Bleistift vorzeichnen: der Äquator, der Nullmeridian, die Ozeane, die Kontinente … und danach farbig gestalten. Möglich ist ebenfalls, Dinge aufzukleben. Abgestimmt werden kann schließlich darüber, wer den besten Globus hergestellt hat.

Aufgabe 1: *Fertigt zusammen mit eurem Partner einen eigenen Globus an wie im Text beschrieben.*

22

Kreuzworträtsel 2

Aufgabe 1: *Löse dieses Rätsel! (ß, Ä, Ö, Ü direkt so übernehmen)*

	Waagerecht
1.	Teil der Planquadratsbezeichnung
3.	1:200 000 ist ein ... Maßstab.
6.	Wie groß alles dort ist, sagt der Maßstab.
8.	Zeichenerklärung
9.	Jemand sagte, das erspare einem einen Atlas.
13.	Das enthält das Zeichen für Kirche.
15.	Namensanfang der deutschen Antarktisstation
17.	Das Wetter sieht man auf einer ... Karte.
18.	An ihn wendet sich das i auf dem Zeichen.
19.	= physis (griech.)
22.	Das bilden Karten im Atlas.

	Senkrecht
2.	... sind auf einer Wirtschaftskarte.
4.	Das Zeichen dafür ist nach rechts gekippt.
5.	rechtwinklige Teile der Karte
7.	kürzeste Entfernung zwischen Orten
10.	So steht die Achse des Globus.
11.	Große Maßstäbe haben eine kleine ...
12.	Sie heben Staaten deutlich hervor.
14.	Damit arbeitet ein Kreiselkompass.
16.	Mancher ... neigt sich nach Osten.
20.	größte Insel im Mittelmeer
21.	Das hat ein einfacher Kompass.

Karten & Co
Grundkenntnisse verständlich vermittelt – Bestell-Nr. 12 446
KOHL VERLAG

23 Gradnetz der Erde – Breitenkreise

Es besteht nicht aus wirklichen Linien, sondern aus gedachten Linien um die Erde herum. Das Gradnetz setzt sich zusammen aus Breitenkreisen und Längen(halb)kreisen. Mit dem Gradnetz lässt sich die Lage jedes Punktes der Erde bestimmen. Dieses Gradnetz hilft, sich auf der Erde zu orientieren. Auch ist das Gradnetz eine wesentliche Hilfe dabei, Karten zu erstellen.

Aufgabe 1: *Was sagen die beiden Zeichnungen über das Gradnetz der Erde aus?*

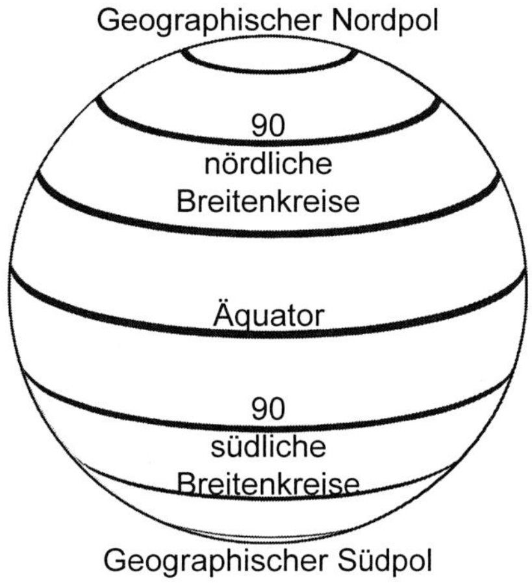

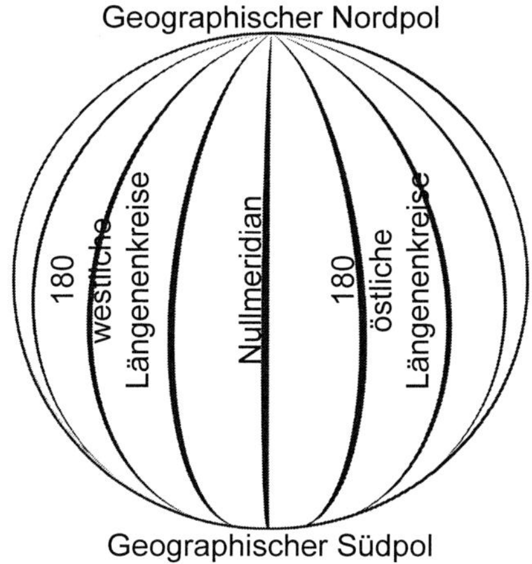

____

____

____

Insgesamt gibt es 180 Breitenkreise (= Breitengrade), nämlich 90 nördliche und 90 südliche Breitenkreise. Die 90 nördlichen Breitenkreise liegen oberhalb des Äquators, die 90 südlichen Breitenkreise unterhalb des Äquators. Mit einer Länge von über 40 000 km ist der Äquator der größte Breitenkreis. Er teilt die Erde in eine nördliche und eine südliche Halbkugel auf. Das Wort Äquator kommt aus der lateinischen Sprache: *aequus* (lat.) = gleich. Der Äquator ist der nullte Breitengrad, der geographische Nordpol der 90. Breitengrad nördliche Breite und der geographische Südpol der 90. Breitengrad südliche Breite. Alle Breitenkreise verlaufen parallel zueinander.

Aufgabe 2: *Was weißt du nun über den Äquator und seinen Namen?*

____

Aufgabe 3: *Durch welche Staaten (= Länder) verläuft der Äquator?*

____

____

Aufgabe 4: *Was lässt sich über den geographischen Nord- und Südpol sagen?*

____

KOHL VERLAG Karten & Co Grundkenntnisse verständlich vermittelt – Bestell-Nr. 12 446

24

Gradnetz der Erde – Längenkreise

Wir kommen jetzt zu den Längen(halb)kreisen. Die Erdoberfläche wird in insgesamt 360 Längen(halb)kreise (= Längengrade) unterteilt. Im Gegensatz zu den Breitenkreisen sind alle Längen(halb)kreise gleich lang.

Westlich des Nullmeridians, der durch den Londoner Vorort Greenwich verläuft, gibt es 180 westliche Längenkreise. Östlich davon sind es 180 östliche Längen(halb)kreise. Der 180. Längenkreis westliche Länge und der 180. Längen(halb)kreis östliche Länge sind identisch.

Die Längen(halb)kreise verlaufen vom geographischen Nordpol bis zum geographischen Südpol. Man bezeichnet die Längen(halb)kreise auch als **Meridiane**. [*meridies* (lat.) = Mittag, Mittagszeit; (circulus) meridianus = Mittagskreis] Punkte auf demselben Meridian haben gleichzeitig Mittag(szeit). Der Nullmeridian teilt die Erde in eine westliche und eine östliche Halbkugel.

Aufgabe 1: *Was weißt du nun über die Längen(halb)kreise?*

____

____

____

Aufgabe 2: *Durch welche Länder/Gebiete verläuft der* ***Nullmeridian****?*

____

____

____

____

____

____

____

____

Nullmeridian

Aufgabe 3: *Erkläre in eigenen Sätzen: Was sind Meridiane? Warum heißen so?*

____

____

____

KOHL VERLAG Karten & Co Grundkenntnisse verständlich vermittelt – Bestell-Nr. 12 446

25

Koordinaten im Gradnetz

Die Lage jedes Punktes und damit auch jedes Ortes auf der Erde wird bestimmt durch seine Koordinaten, d.h. seinen Breiten- und Längengrad. [*coordinare* (lat.) = gegenseitig zuordnen]
So hat z.B. Hamburg in etwa die Koordinaten 53,5° nördliche Breite und 10° östliche Länge. Rio de Janeiro weist in etwa die Koordinaten 23° südliche Breite und 43° westliche Länge auf. Genauere Angaben der Lage erfolgen in Grad (°), Minuten (‘) und Sekunden (“). Dabei gilt 1° = 60‘ und 1‘ = 60“. Bei der Angabe von Koordinaten werden u.a. diese Abkürzungen benutzt:

n.Br. = nördliche Breite; s.Br. = südliche Breite;
w.L. = westliche Länge; ö.L. = östliche Länge

Im Golf von Guinea liegt die Insel Sao Tome und ca. 1 km südlich davon genau am Äquator die sehr kleine vulkanische Insel Rolas. Sie liegt gleichzeitig auch sehr nahe am Nullmeridian. Ihre Koordinaten: 0° 0‘ 20“ s.Br., 6° 31‘ 15“ ö.L.

Aufgabe 1: *Wie heißt die jeweilige sehr große Stadt mit diesen Koordinaten:*

a) 56°n.Br./38°ö.L. ________________ **b)** 41°n.Br./74°w.L. ________________

c) 12°s.Br./77°w.L. ________________ **d)** 34°s.Br./18°ö.L. ________________

e) 36°n.Br./140°ö.L. ________________

Aufgabe 2: *Bestimme die (ungefähren) Koordinaten der (sehr) großen Städte:*

a) Frankfurt/Main ________________ **b)** Buenos Aires ________________

c) Nairobi ________________ **d)** Shanghai ________________

e) Melbourne ________________

KOHL VERLAG Karten & Co Grundkenntnisse verständlich vermittelt – Bestell-Nr. 12 446

26 Besondere Breitenkreise

Die Polarkreise (= nördlicher und südlicher Polarkreis) sind Breitenkreise, wo die Sonne im Jahr einen Tag (= 24 Stunden) nicht aufgeht (= Polarnacht) und einen Tag (= 24 Stunden) nicht untergeht (= Polartag). Der nördliche Polarkreis liegt auf ca. 66,5° nördliche Breite. Die Polarnacht ist am 21.12./22.12. des Jahres, der Polartag am 21.6./22.6. des Jahres. Der südliche Polarkreis liegt auf ca. 66,5° südliche Breite. Die Polarnacht ist am 21.6./22.6. des Jahres, der Polartag am 21.12./22.12. des Jahres.

Die beiden Wendekreise (= nördlicher und südlicher Wendekreis) sind die beiden Breitenkreise, über denen die Sonne bei ihrem scheinbaren jährlichen Lauf am Himmel vom Äquator kommend umkehrt, d.h. wendet und sich sodann wieder dem Äquator nähert. Der nördliche Wendekreis liegt auf ca. 23,5° nördliche Breite, der südliche Wendekreis auf ca. 23,5° südliche Breite. In jedem Jahr steht die Sonne am 21.6./22.6. senkrecht über dem nördlichen Wendekreis, am 21.12./22.12. senkrecht über dem südlichen Wendekreis.

Sommersonnwende (21. Juni)

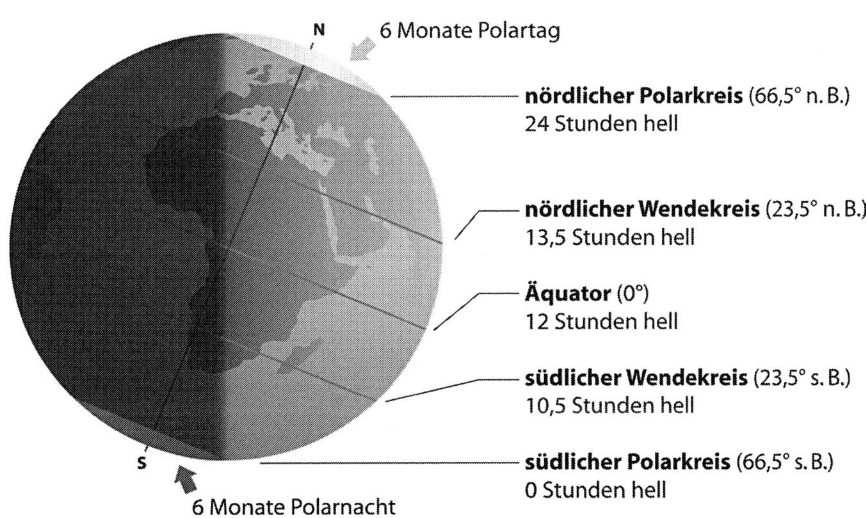

Aufgabe 1: *Durch welche Staaten (= Länder) oder sonstige Gebiete verläuft*

a) der nördliche Polarkreis? ______________________________

____

b) der nördliche Wendekreis? ______________________________

____

____

c) der südliche Wendekreis? ______________________________

____

d) der südliche Polarkreis? ______________________________

KOHL VERLAG Lernen mit Erfolg
Karten & Co
Grundkenntnisse verständlich vermittelt – Bestell-Nr. 12 446

Wiederholung Gradnetz

Aufgabe 1: *Richtig (R) oder falsch (F)? Kreuze an.*

		R	F
a	Das Gradnetz hat insgesamt 360 Breitenkreise und 180 Längen(halb)-kreise.		
b	Der Äquator ist der nullte Breitengrad.		
c	Zum geographischen Nordpol und zum geographischen Südpol hin werden die Breitenkreise immer länger.		
d	Der 90. Breitenkreis nördliche Breite und der 90. Breitenkreis südliche Breite sind jeweils nur 1 Punkt.		
e	Der Nullmeridian verläuft durch einen Vorort von London.		
f	Jeder Längen(halb)kreis hat eine andere Länge.		
g	Auf demselben Meridian haben alle Punkte gleichzeitig Mittag(szeit).		
h	Alle Orte in Deutschland haben Koordinaten mit nördlicher Breite und westlicher Länge.		
i	Am 21.6./22.6. des Jahres ist am nördlichen Polarkreis Polartag.		
j	Die Sonne scheint am 21.6./22.6. des Jahres mittags senkrecht auf den Äquator.		

Aufgabe 2: *Korrigiere nun die falschen Aussagen der Aufgabe 1.*

Greenwich (Nullmeridian)

Karten & Co
Grundkenntnisse verständlich vermittelt – Bestell-Nr. 12 446
KOHL VERLAG

28 Orientierung – Sonne, Fixsterne, Bäume, Kirchen

Karten dienen dazu, sich in Gebieten zu orientieren und zurechtzufinden. Es gibt aber auch noch so manche weitere Hilfsmittel dafür: Der Stand der Sonne kann helfen, sich zu orientieren. Bekanntlich ist die Sonne auf der Nordhalbkugel morgens zuerst im Osten, mittags Im Süden, abends im Westen, aber im Norden niemals zu sehen. Für Menschen auf der Südhalbkugel südlich des südlichen Wendekreises (z.B. in Südaustralien) gilt: Morgens ist die Sonne im Ostern zu erblicken, mittags im Norden, abends im Westen, jedoch zu keiner Zeit Im Süden. Anhand der Sonnenstände lassen sich Sonnenuhren herstellen.

Bei klarem Himmel in der Nacht ist es möglich – wie es früher vor allem die Seefahrer taten –, sich nach dem sogenannten Polarstern (= ein Fixstern) zu richten. Dieser von der Nordhalbkugel der Erde zu sehende Fixstern steht fast genau im Norden. Auf der Südhalbkugel der Erde weist das von Fixsternen gebildete „Kreuz des Südens", das u.a. auf den Flaggen der Staaten Australien und Neuseeland dargestellt wird, in sternklaren Nächten nach Süden.

In Mitteleuropa kommen die Winde häufig aus Westen, Nordwesten oder Südwesten. Von daher sind die Kronen vieler Bäume in der Natur, vor allem wenn sie allein stehen, oft in östliche Richtung geneigt, des Öfteren ebenfalls die Stämme der Bäume. Die westlichen Seiten der Bäume sind in der Regel feuchter und deshalb stärker mit Moos bewachsen.

Auch am Stand der alten Kirchen kann man sich orientieren. Gewöhnlich befindet sich der Turm der Kirche auf der Westseite, dagegen der Altar auf der Ostseite.

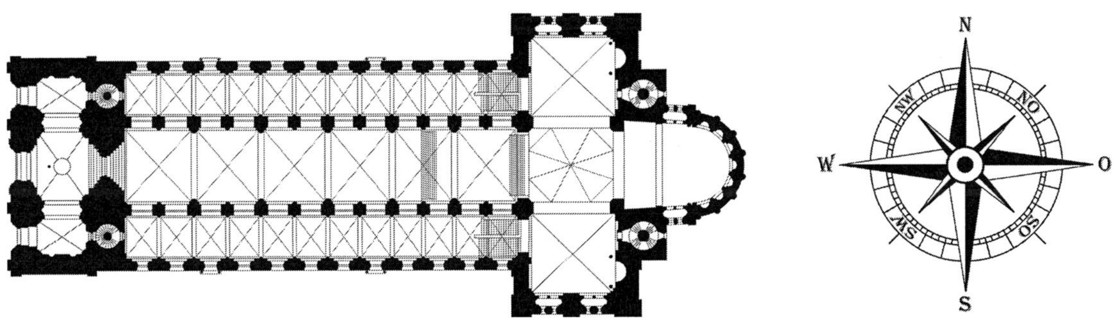

Aufgabe 1: *Beschreibe in eigenen Sätzen, was du zum Thema Orientierung sagen kannst.*

29 Orientierung – Armbanduhr und Sonne

Du kannst auch z.B. deine (analoge) Armbanduhr als Hilfsmittel zur räumlichen Orientierung verwenden. Voraussetzung dafür ist: Die Sonne scheint. Man muss die Uhr waagerecht vor dem eigenen Körper halten. Dabei hat der kleine Zeiger der Uhr auf die Sonne zu zeigen.

- Am Vormittag muss man den Winkel von der 12 aus nach links bis zum kleinen Zeiger halbieren, dann weist die Winkelhalbierende nach Süden.
- Am Nachmittag muss man den Winkel von der 12 aus nach rechts bis zum kleinen Zeiger halbieren, dann weist die Winkelhalbierende nach Süden.

Ist die Sommerzeit gültig, muss man die jeweilige Zeit um eine Stunde zurückrechnen. Anstatt den kleinen Zeiger von z.B. 10 Uhr auf die Sonne zu richten, hat man die 9 dorthin zu halten. Das beschriebene Verfahren mit der Uhr lässt sich ebenfalls auf der Südhalbkugel der Erde anwenden. Dort allerdings zeigt dann die Winkelhalbierende nicht jeweils nach Süden, sondern nach Norden.

Aufgabe 1: *Eine Person ist auf der Nordhalbkugel und möchte ohne Kompass mit der Armbanduhr bestimmen, wo Norden ist. Ergänze in den 4 Zeichnungen jeweils Sonne, Winkelhalbierende und Nordpfeil.*

a) am Vormittag bei Winterzeit

b) am Nachmittag bei Winterzeit

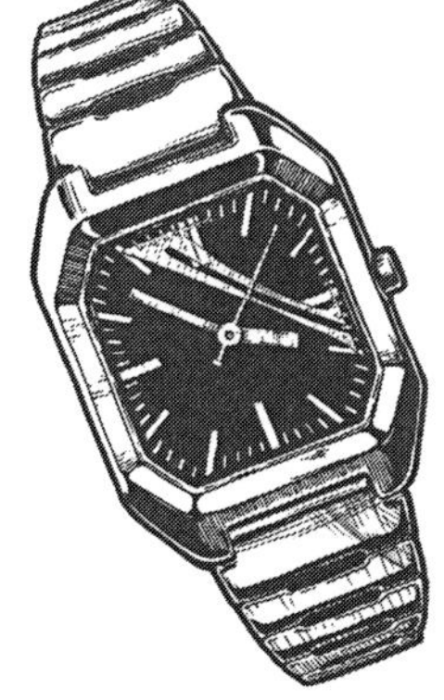

c) am Vormittag bei Sommerzeit

d) am Nachmittag bei Sommerzeit

30

Kreuzworträtsel 3

Aufgabe 1: *Löse dieses Rätsel! (ß, Ä, Ö, Ü direkt so übernehmen)*

	Waagerecht
3.	Er ist alleinstehend und zeigt die Richtung.
5.	Von hier weht oft der Wind in Mitteleuropa.
6.	gleich große gedachte Kreise
7.	Hier ist es am heißesten.
10.	An einem Ort mit kleinem Breitengrad ist das Klima ...
12.	Die ... liegen auf 66,5° n.Br./s.Br.
13.	Jeder Ort auf der Erde hat ...
14.	Er teilt die Erde in 2 Teile.
17.	Einer von verschieden großen gedachten Kreisen.
19.	Er bewegt sich nicht am Himmel.
20.	Deutschlands Breitengrade liegen ...

	Senkrecht
1.	Ohne Gradnetz gäbe es keine ...
2.	Die ... liegen auf 23,5° n.Br./s.Br.
4.	Das heißt „circulus meridianus“.
8.	Die Pole sind eigentlich nur ...
9.	Ganz genaue Gradangaben enthalten auch ...
11.	Ein Pol ist geographisch oder ...
15.	Greenwich ist ein Vorort von ...
16.	Es überzieht die Erde wie ein Gitter.
18.	Hundertund ... östliche Längengrade gibt es.
21.	"Die Sonne läuft zum Wendekreis und ..."

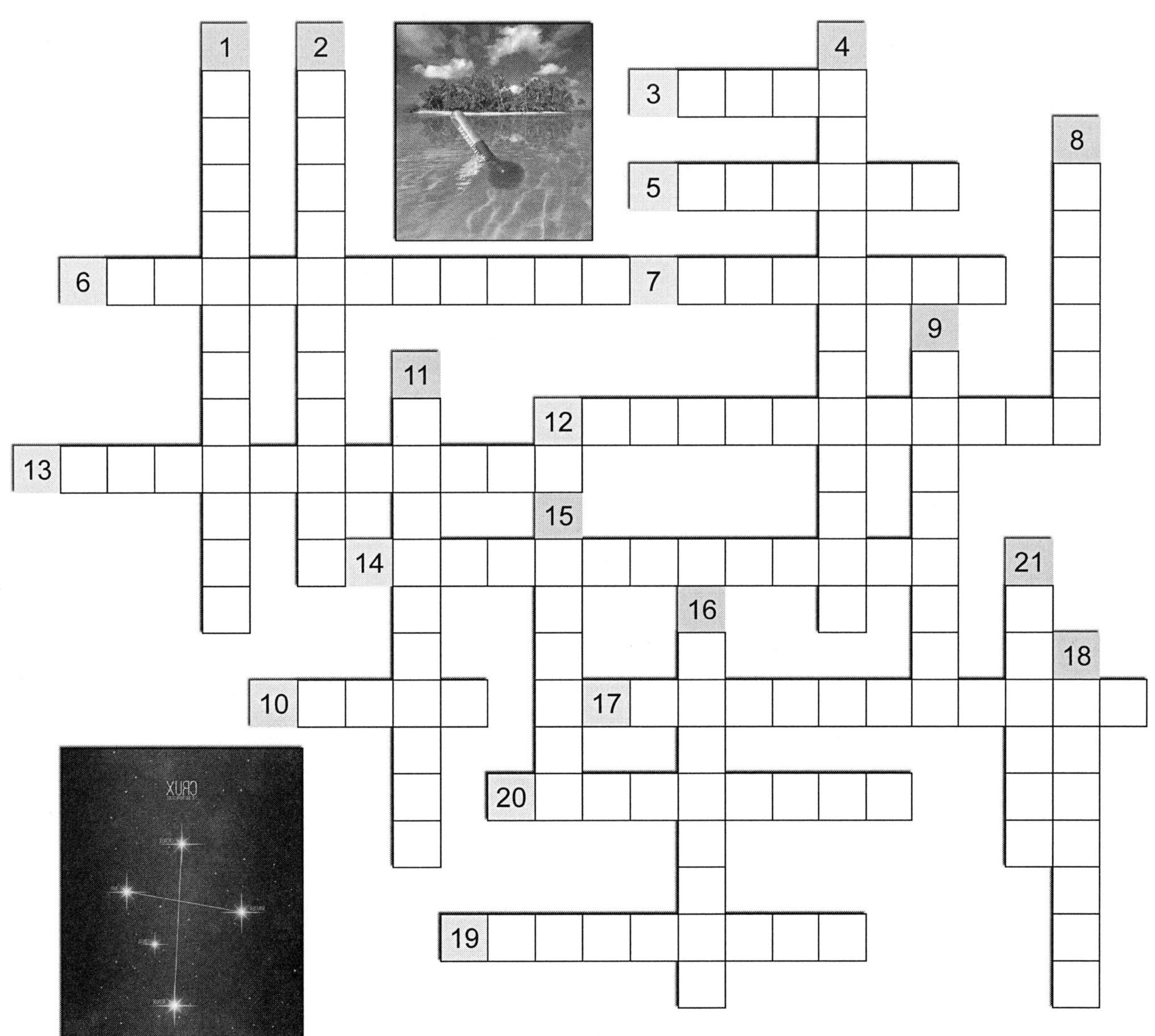

Karten & Co
Grundkenntnisse verständlich vermittelt – Bestell-Nr. 12 446
KOHL VERLAG

31 Orientierung – Kompasse (Blatt 1)

Verschiedene Arten der Kompasse gibt es. Das Wort Kompass wird hergeleitet aus der lateinischen Sprache: *compassare* (lat.) = abschreiten, abmessen.

Lange Zeit waren Magnetkompasse sehr wichtige Instrumente zur Orientierung. Aber auch heute noch werden Magnetkompasse benutzt. Ein Magnetkompass funktioniert dadurch:

Die Erde selbst ist ein großer Magnet mit einem magnetischen Pol in der Arktis (= Nordpolargebiet) und einem magnetischen Pol in der Antarktis (= Südpolargebiet). Die Nadel des Magnetkompasses ist nun auch ein Magnet und stellt sich in die Nord-Süd-Richtung, sofern die Nadel nicht durch eisen-, nickel- und/oder kobalthaltige Gegenstände, die sich in der Nähe befinden, abgelenkt wird. Im Fall der Nichtablenkung zeigt die eine Spitze der Nadel in die Richtung, wo der magnetische Pol in der Arktis liegt. Die andere Spitze der Nadel weist in die Richtung des magnetischen Pols in der Antarktis. Aufgrund der Anzeigen durch die Nadel des Magnetkompasses lassen sich die weiteren Himmelsrichtungen mit Hilfe einer beweglichen Windrose bestimmen und markieren.

Ein großes Problem ist, dass sich das Magnetfeld der Erde ändert und damit auch die magnetischen Pole wandern, also nicht an derselben Stelle bleiben. Zu bedenken gilt es auch: Die beiden magnetischen Pole und die 2 geographischen Pole der Erde sind nicht identisch. Der magnetische Pol in der Arktis und der geographische Nordpol haben nicht dieselbe Position. Dies gilt auch für den magnetischen Pol in der Antarktis und den geographischen Südpol.

Aufgabe 1: *Erkläre die Funktionsweise eines Magnetkompasses in eigenen Sätzen.*

____

____

____

Aufgabe 2: *Was ist problematisch an der Orientierung mit Magnetkompass?*

____

____

____

KOHL VERLAG Karten & Co Grundkenntnisse verständlich vermittelt – Bestell-Nr. 12 446

31

Orientierung – Kompasse (Blatt 2)

Auch deshalb werden heute oft andere Kompasse verwendet, um genauer Positionen auf der Erde zu bestimmen. Dies sind z.B. elektrisch betriebene Kreiselkompasse sowie Elektronenkompasse. Kreiselkompasse richten sich nicht nach dem Magnetfeld, sondern nach der Rotation und Rotationsachse der Erde. Demzufolge sind die Kreisel-Kompasse nicht eingestellt auf die beiden magnetischen Pole der Erde, vielmehr auf die geographischen Pole.

Aufgabe 3: *Wodurch unterscheiden sich Magnetkompasse und elektrisch betriebene Kreiselkompasse voneinander?*

____

____

____

Aufgabe 4: *Verbinde jeweils sinnvoll Satzanfang und Satzende. Die Buchstaben ergeben dann unten das Lösungswort.*

	Satzanfang
1	Früher haben sich Seefahrer nach dem Polarstern gerichtet,
2	Der Polarstern ist ein Fixstern,
3	Das „Kreuz des Südens“ findet man wegen seiner Bedeutung
4	Das Prinzip des Magnetkompasses beruht darauf,
5	Der Magnetkompass zeigt die Nordrichtung nicht ganz exakt an,
6	Ein einfacher Magnetkompass ist aber bequem sogar zu Fuß mitzunehmen,
7	Ein wenig Geometriekenntnisse sind dafür aber unbedingt notwendig,
8	Ohne die Sonne kann man aber allein mit der Uhr nichts anfangen,
9	Angenommen es ist – tagsüber oder nachts – sehr stark bewölkt,
10	Andererseits ist die Sonne allein auch ohne Uhr zumindest grob hilfreich,

	Satzende
F	die Erde ist selbst ein großer Magnet.
H	ansonsten ist auch die Armbanduhr ein brauchbares Werkzeug zur Orientierung.
A	da die magnetischen Pole der Erde nicht mit den geographischen übereinstimmen.
R	man muss nämlich einen Winkel per Augenmaß halbieren können.
S	auf der Südhalbkugel jedoch nach dem „Kreuz des Südens“.
E	können alleinstehende Bäume oder alte Kirchen noch helfen.
N	man muss nur wissen: im Norden ist die Sonne nie (siehe unten).
E	da er immer an derselben Position steht, und zwar im Norden.
E	auf den Flaggen von Australien und Neuseeland.
T	nachts muss man daher nach dem Polarstern Ausschau halten.

Lösungswort:

1	2	3	4	5	6	7	8	9	10

KOHL VERLAG Karten & Co Grundkenntnisse verständlich vermittelt – Bestell-Nr. 12 446

32 Navigationsgeräte

Heutzutage gibt es zur Orientierung Navigationsgeräte, wie sie z.B. in Autos vorhanden sind. [*navigare* (lat.) = segeln, fahren] Die Navigationsgeräte nutzen in der Regel das GPS. GPS ist die Abkürzung für Global Positioning System, was in die deutsche Sprache übersetzt so viel wie Globales Positionsbestimmungssystem heißt. Das System wurde ursprünglich vom Militär der USA entwickelt. Dieses System arbeitet damit, dass künstliche Satelliten auf verschiedenen Bahnen in großer Höhe die Erde umkreisen. [*satelles* (lat.) = Begleiter, Helfershelfer]

Die Satelliten senden Funksignale aus, die von den Navigationsgeräten zeitmäßig erfasst und ausgewertet werden. Die Navigationsgeräte berechnen auf der Basis der empfangenen Funksignale die augenblickliche Position des Navi-Nutzers. Die Position in Breitengrad und Längengrad wird durch die Funksignale von mindestens 3 Satelliten ermittelt. Das Navigationssystem verfügt über elektronisch gespeicherte Karten oder holt sich entsprechende Informationen aus dem Internet. Aufgrund dessen zeigt das Navigationsgerät seinem Nutzer im Display (= Anzeige) einen Kartenausschnitt, wo er sich soeben befindet. Autofahrer werden zudem durch gesprochene Angaben darauf hingewiesen, auf welchen Straßen sie an den zu Beginn der Fahrt in das Navigationsgerät eingegebenen Zielort kommen.

Auch zur Orientierung beim Wandern werden immer mehr GPS-Handgeräte benutzt. Beim Geocaching [ge (griech.) = Erde; cache (eng.) = Versteck, geheimes Lager] sucht man mithilfe eines GPS-Empfängers nach versteckten Plastikboxen – gefüllt mit einem Logbuch und kleinen Tauschgegenständen. Die geographischen Koordinaten dieser „Schätze" werden im Internet - meistens nur unvollständig und mit Rätseln zu entschlüsseln – veröffentlicht. Im Jahr 2019 soll es weltweit ca. 3 Mio. solche „Cacher" (= „Schatzsucher") gegeben haben.

Aufgabe 1: *Erkläre in eigenen Sätzen, wie Navigationsgeräte funktionieren.*

____

____

____

____

____

____

32

Navigationsgeräte

Einige Meldungen aus verschiedenen Zeitungen (jeweils kurz zusammengefasst)

Aufgabe 2: *Lies die kurz zusammengefassten Meldungen. Was hältst du von Navigationsgeräten (= „Navis“)? Verlässt du dich aufs „Navis“? Was sollte man nach deiner Meinung beim Umgang mit „Navis“ bedenken und beachten?*

Rentner aus Newcastle (Großbritannien) wollte mit seinem Auto in die italienische Hauptstadt Rom reisen. Das Navi leitete ihn in den Ortsteil Rom von Morsbach (gelegen in Nordrhein-Westfalen).

Autofahrerin (79 Jahre) fuhr aufgrund der Anweisungen ihres Navis auf eine Fußgängerbrücke in Koblenz.

Lastwagenfahrer aus Serbien per Navi in Niedersachsen in die unwegsame Feldmark geschickt!

Elektronischer Wegweiser führte 21 Jahre alte Fahrerin mit Auto eine Treppe abwärts in Suhl (Thüringen).

Navi lotste einen 55-jährigen Autofahrer zusammen mit seiner Frau auf eine Ski-Loipe in Bayern.

Geleitet durch ihr Navi gelangte eine Autofahrerin (22 J.) aus Lüdenscheid in ein Waldstück des Sauerlandes. Die Satellitendaten passten zu einem Standort in Sibirien (Russland).

...

69-Jähriger durch sein Navigationsgerät in den Küstenkanal in Niedersachsen gelotst. Der Mann konnte sich aus dem Auto im Wasser retten.

KOHL VERLAG Karten & Co Grundkenntnisse verständlich vermittelt – Bestell-Nr. 12 446

33

Wiederholung Orientierung

Aufgabe 1: *Richtig (R) oder falsch (F)? Kreuze an.*

		R	F
a	Da sich die Erde um sich selbst von Osten nach Westen dreht, ist die Sonne morgens im Osten zu sehen.		
b	In Südafrika steht die Sonne mittags im Norden.		
c	In Mitteleuropa neigen sich die Baumkronen alleinstehender Bäume häufig in westliche Richtung.		
d	Der Polarstern weist dorthin, wo Norden ist.		
e	Alte Kirchen haben den Turm meist auf der Westseite, den Altar dagegen auf der Ostseite.		
f	Alle Uhren lassen sich nutzen, um die Himmelsrichtungen zu bestimmen.		
g	Magnetkompasse zeigen die Richtungen zu den geographischen Polen an.		
h	Die geographischen und magnetischen Pole liegen in der Arktis und Antarktis.		
i	Kreiselkompasse orientieren sich nach der Rotation bzw. der Rotationsachse der Erde.		
j	GPS steht als Abkürzung für General Positioning System.		

Aufgabe 2: *Korrigiere nun die falschen Aussagen der Aufgabe 1.*

Das Sonnensymbol ist auf dem Stundenzeiger (astronomische Uhr, Prager Rathaus).

KOHL VERLAG
Karten & Co
Grundkenntnisse verständlich vermittelt – Bestell-Nr. 12 446

Test 2 bzw. Arbeit 2

1. Nenne 5 Dinge, die am oder auf dem Globus zu sehen sind.

2. Beschreibe das Gradnetz der Erde.

3. Notiere kurz 5 Hilfsmittel, sich räumlich zu orientieren.

4. Erkläre, wie sich mit einer Uhr die Himmelsrichtung Süden bestimmen lässt.

5. Was kannst du über Magnetkompasse sagen?

6. Wie funktionieren heutige moderne Navigationsgeräte?

KOHL VERLAG Lernen mit Erfolg
Karten & Co
Grundkenntnisse verständlich vermittelt – Bestell-Nr. 12 446

35 Kreuzworträtsel 4

Aufgabe 1: *Löse das Kreuzworträtsel! Gesucht werden waagerecht 11 Wörter. In den grauen Kästchen ergibt sich schließlich senkrecht auch ein Wort. (ß, Ä, direkt so übernehmen)*

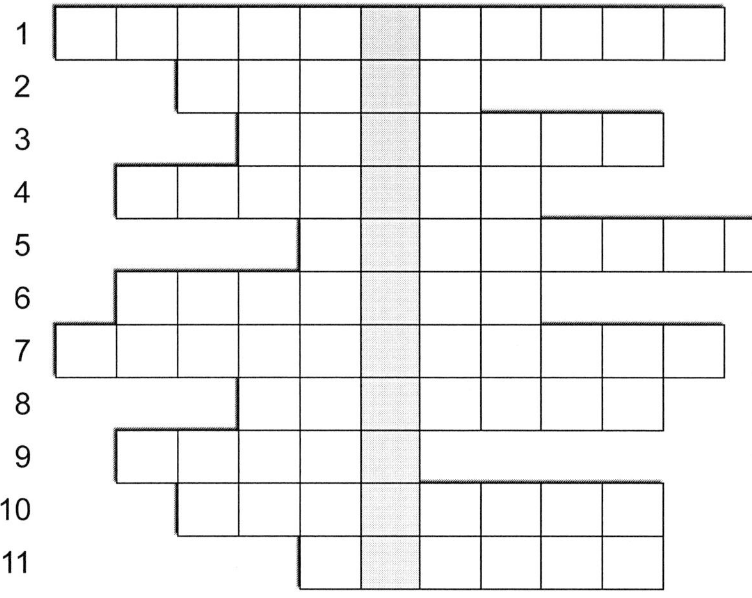

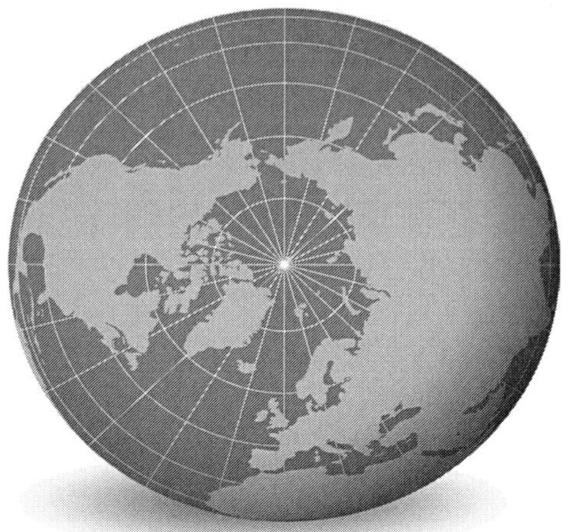

1	liegen auf ca. 66,5° n.Br. und 66,5° s.Br.
2	Sammlung von Karten, Kartenwerk
3	nördlichster Punkt der Erde
4	gibt die Verkleinerung auf Karten an
5	anderes Wort für Längenhalbkreis
6	Fachbegriff für Zeichenerklärung
7	liegen auf ca. 23,5° n.Br. und 23,5° s.Br.
8	Name für den nullten Breitenkreis
9	Farbe zur Darstellung hoher Gebirge auf Karten
10	dient zur Lagebestimmung auf dem Erdglobus
11	Himmelsrichtung

36 Wiederholung - was könnt ihr sagen über ...?

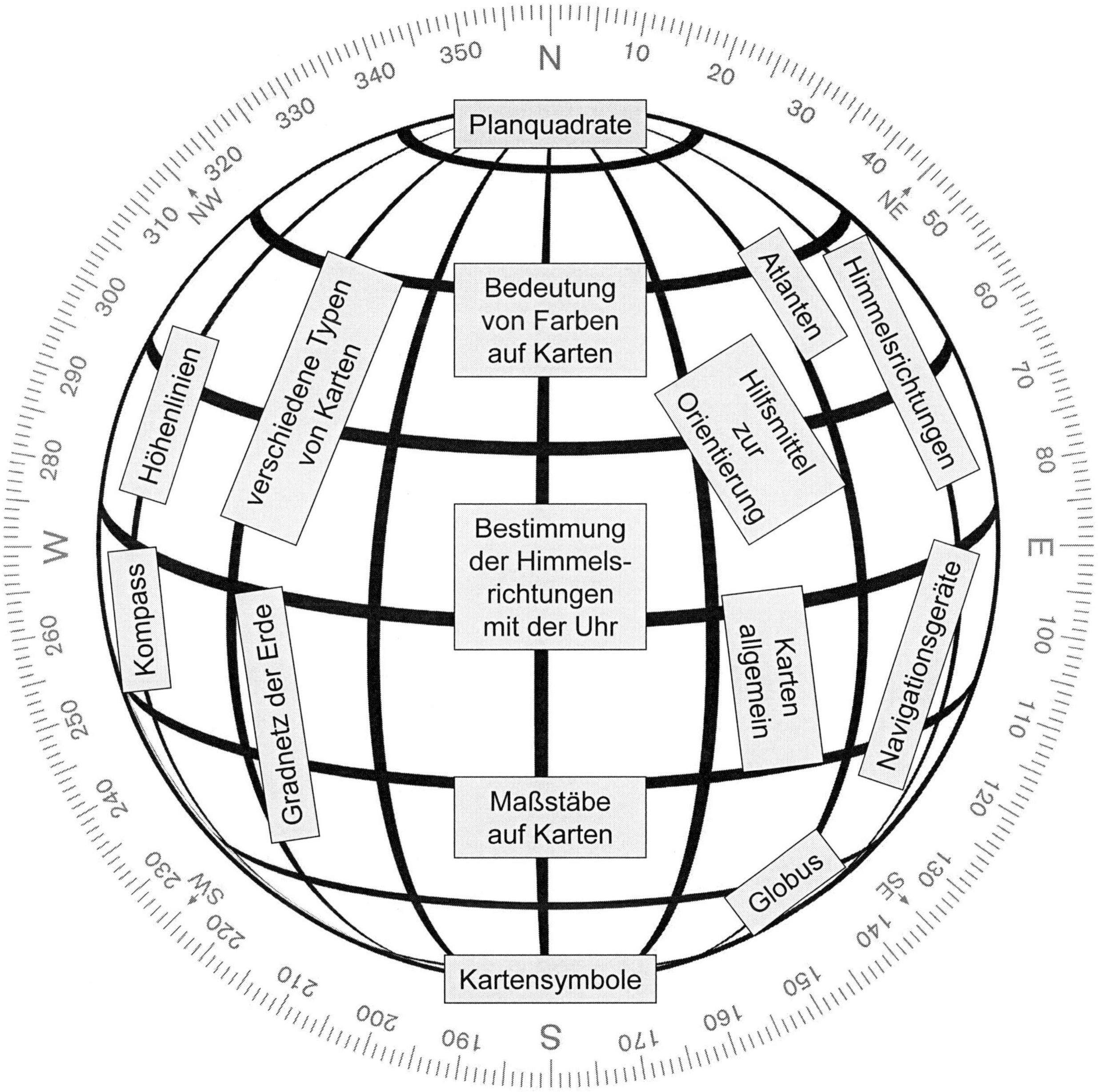

Planquadrate

Höhenlinien

verschiedene Typen von Karten

Bedeutung von Farben auf Karten

Atlanten

Himmelsrichtungen

Hilfsmittel zur Orientierung

Kompass

Gradnetz der Erde

Bestimmung der Himmels-richtungen mit der Uhr

Karten allgemein

Navigationsgeräte

Maßstäbe auf Karten

Globus

Kartensymbole

N 10 20 30 40 NE 50 60 70 80 E 100 110 120 130 SE 140 150 160 170 S 190 200 210 220 SW 230 240 250 260 W 280 290 300 310 NW 320 330 340 350

Aufgabe 1: *Wiederhole den durchgenommenen Unterrichtsstoff. Versuche zu jedem der oben angegebenen Stichwörter 2 bis 3 Sätze in deinem Heft/Ordner aufzuschreiben.*

Karten & Co
Grundkenntnisse verständlich vermittelt – Bestell-Nr. 12 446
KOHL VERLAG

37

Was man bei Karten bedenken sollte

Aufgabe 1: *Setze die folgenden 10 Wörter in den anschließenden Sätzen an der jeweils richtigen Stelle ein.*

beträchtlich – erfüllt – flächentreu – gering – Globusse – Navigationskarten – Verkehrskarten – vermitteln – verzerren – winkeltreu

a.) Karten der Erde bzw. von Ausschnitten davon ________________ .

b.) Keine Karte gibt die jeweilige Erdoberfläche zugleich ________________, winkeltreu und längentreu wieder.

c.) Nur ________________ sind gleichzeitig verkleinerte flächentreue, winkeltreue sowie längentreue (= abstandstreue) Abbildungen der Erdoberfläche.

d.) Lediglich allenfalls eine der 3 genannten Anforderungen wird durch Karten ____________.

e.) Entweder ist die jeweilige Karte höchstens flächentreu, ________________ oder weitgehend längentreu (= abstandstreu).

f.) Bei kleinräumigen Ausschnitten der Erdoberfläche sind die Verzerrungen der Karten ________________.

g.) Jedoch können die Verzerrungen ________________ sein: bei großräumigen Kartenausschnitten und den Darstellungen der gesamten Erdoberfläche.

h.) Viele Karten sind so gestaltet, dass sie zwischen Flächentreue, Winkeltreue sowie Längetreue ________________.

i.) ________________ für die Schifffahrt und Luftfahrt müssen winkeltreu sein.

j.) In ________________ kommt es auf die weitgehend längentreue Wiedergabe von Entfernungen an ...

KOHL VERLAG Karten & Co Grundkenntnisse verständlich vermittelt – Bestell-Nr. 12 446

Weltkarte physisch

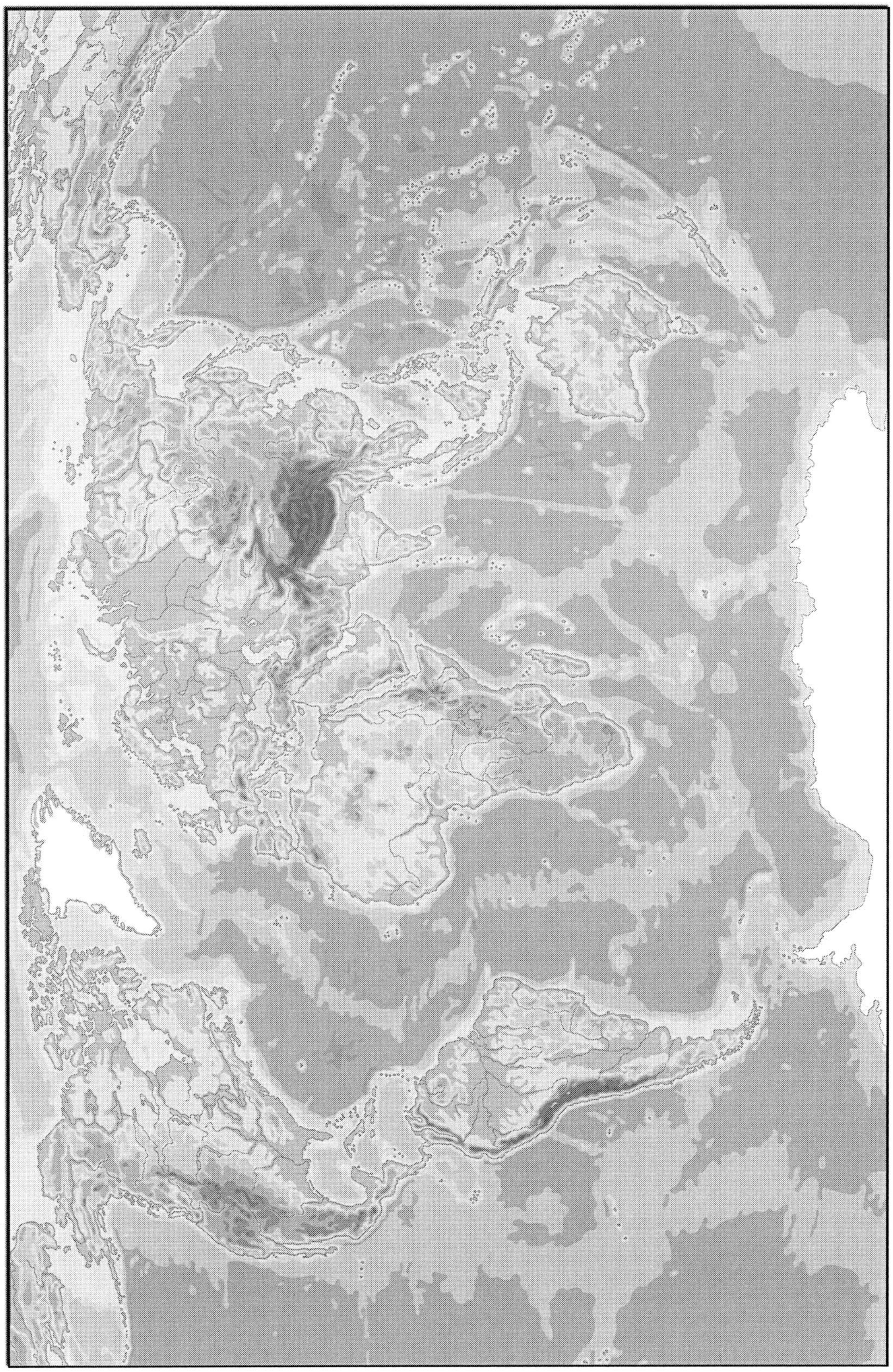

1 : 100 000 000

0 1 000 2 000 3 000 4 000 5 000 6 000 7 000 8 000 9 000 10 000 km

Karten & Co
Grundkenntnisse verständlich vermittelt – Bestell-Nr. 12 446
KOHL VERLAG

39

Weltkarte politisch

1 : 100 000 000

0 1 000 2 000 3 000 4 000 5 000 6 000 7 000 8 000 9 000 10 000 km

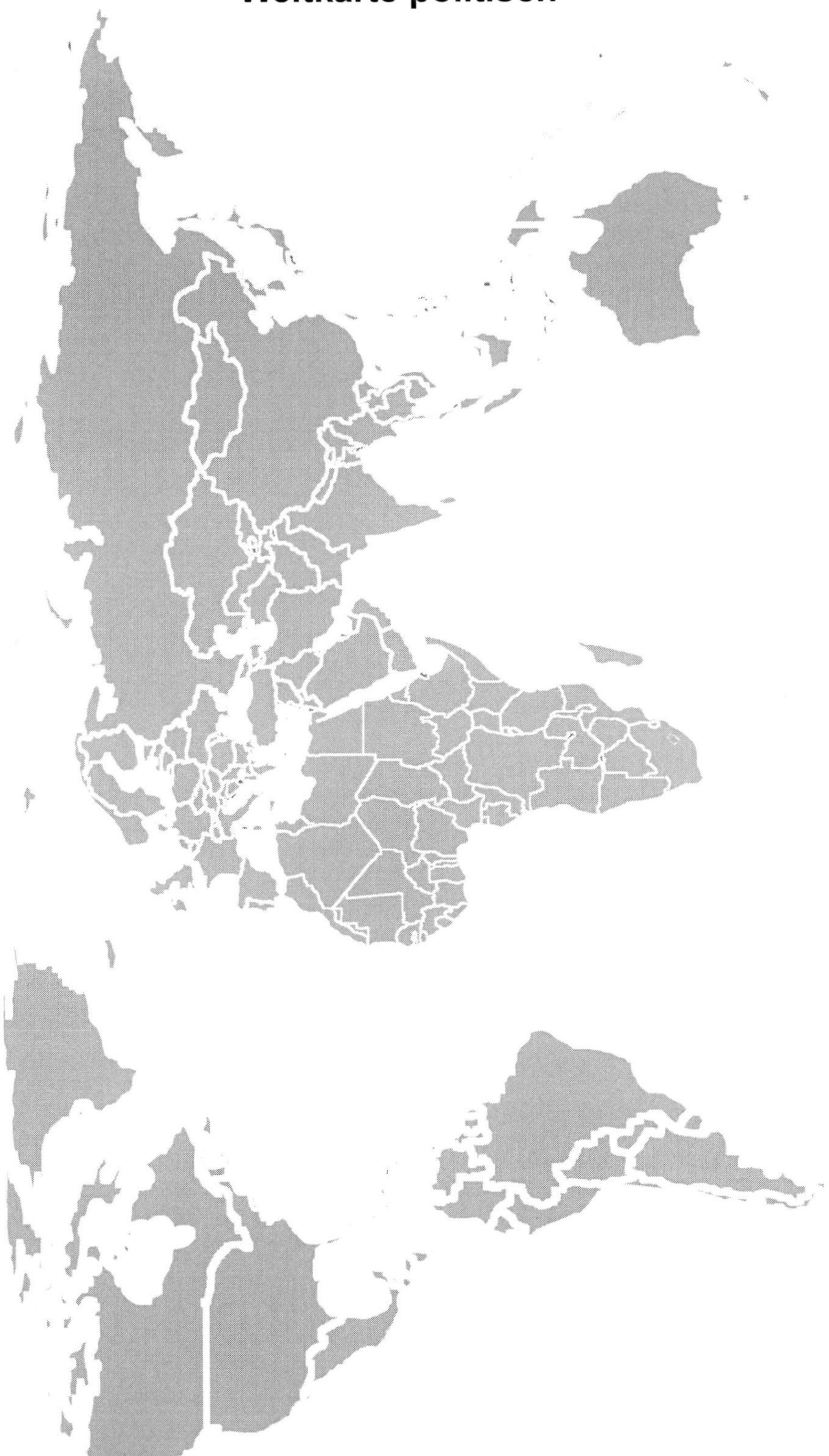

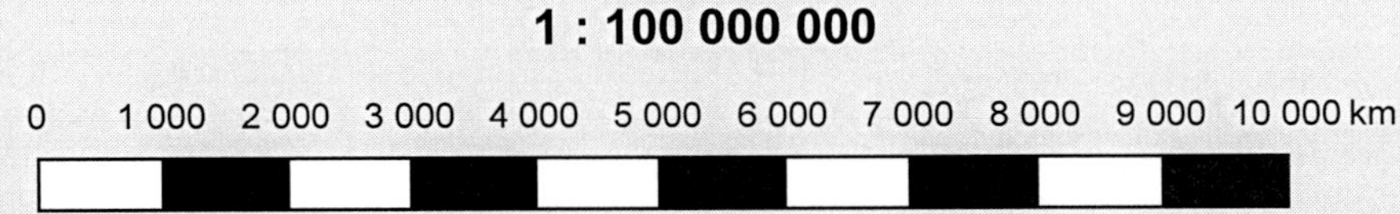

Karten & Co
Grundkenntnisse verständlich vermittelt – Bestell-Nr. 12 446
KOHL VERLAG

40

Europakarte physisch

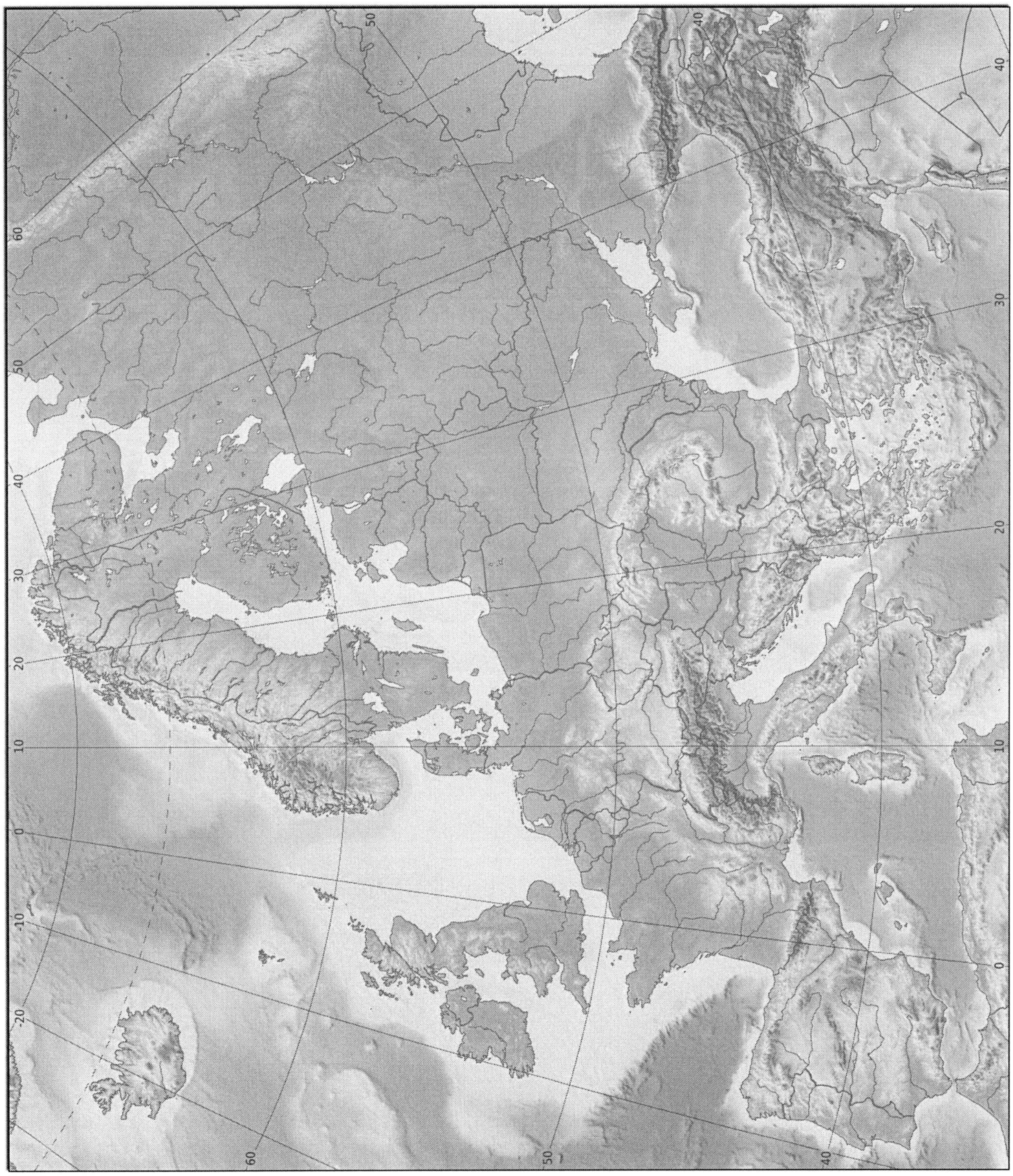

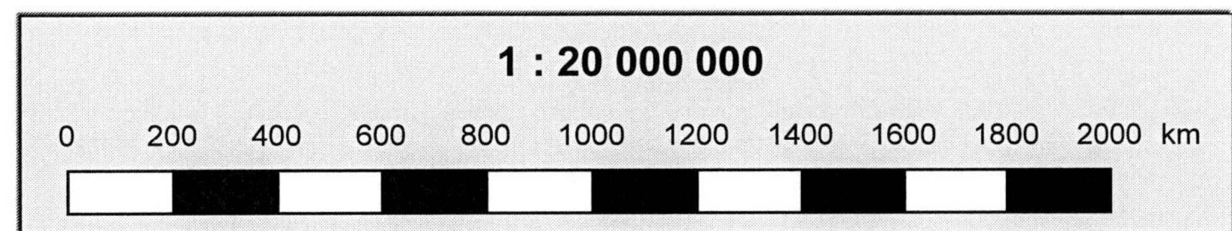

Karten & Co
Grundkenntnisse verständlich vermittelt – Bestell-Nr. 12 446
KOHL VERLAG

Europakarte politisch

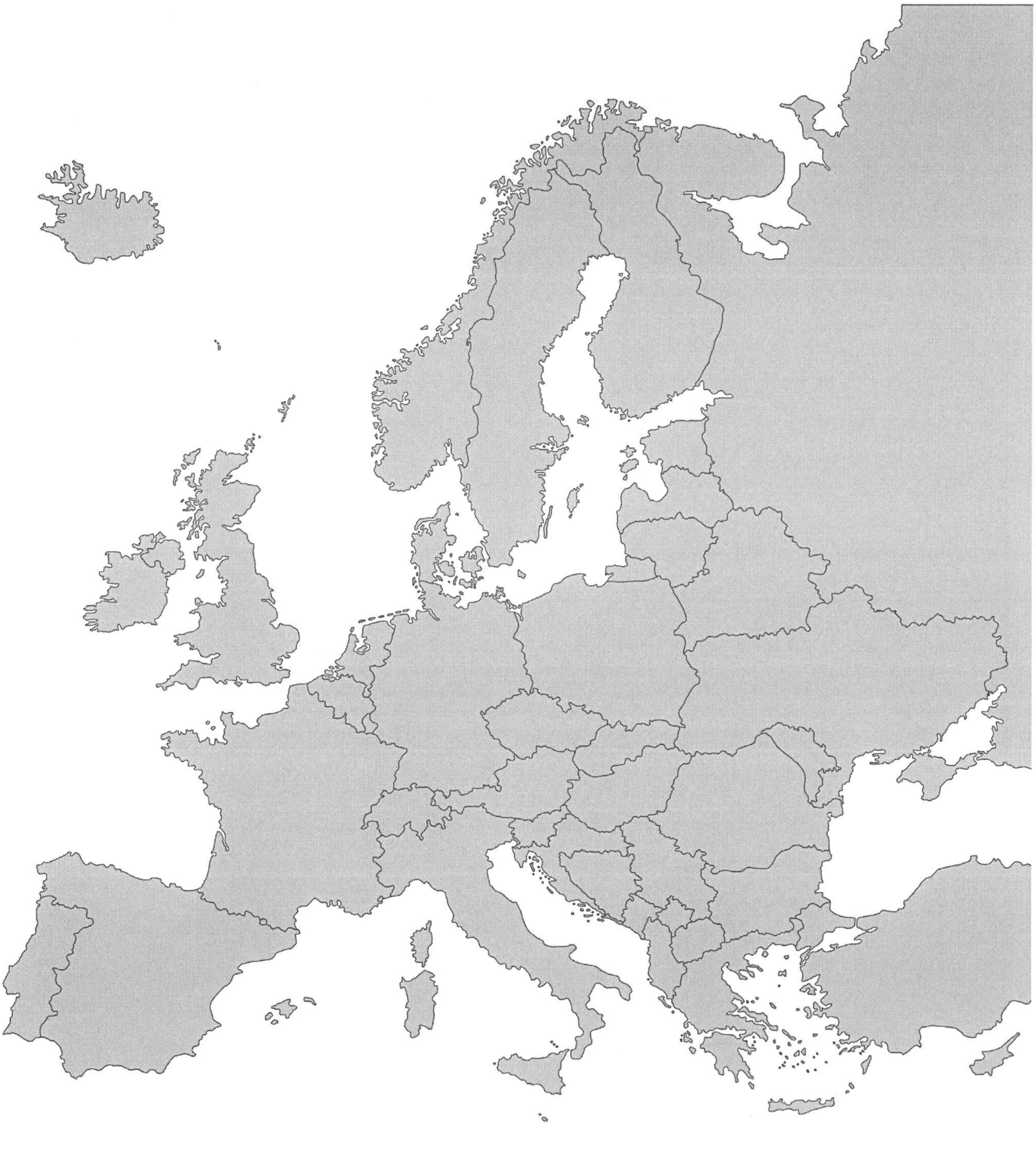

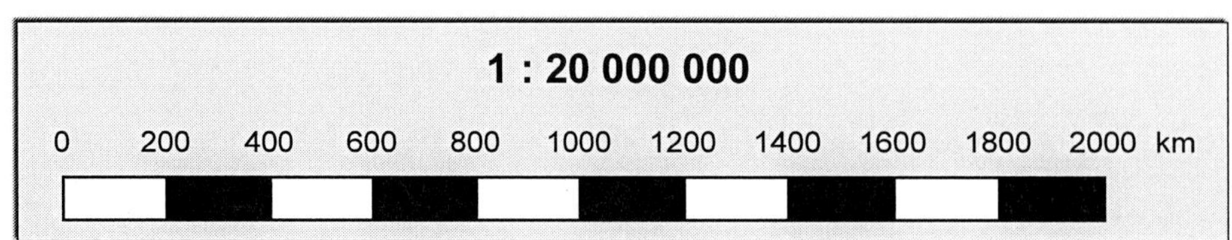

Karten & Co
Grundkenntnisse verständlich vermittelt – Bestell-Nr. 12 446
KOHL VERLAG

42 Deutschlandkarte physisch

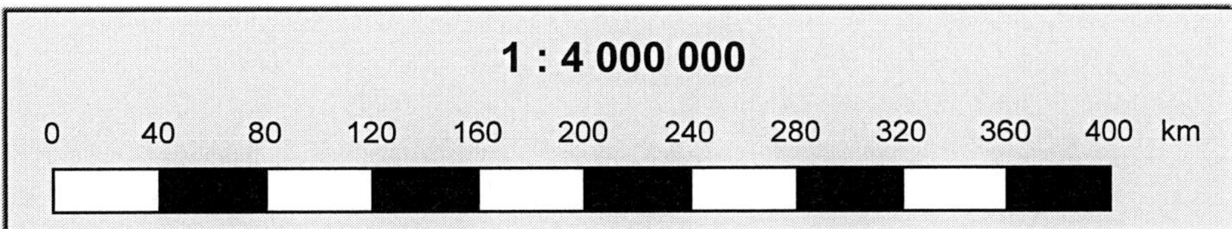

Karten & Co
Grundkenntnisse verständlich vermittelt – Bestell-Nr. 12 446
KOHL VERLAG

43

Deutschlandkarte politisch

1 : 4 000 000

0 40 80 120 160 200 240 280 320 360 400 km

Karten & Co
Grundkenntnisse verständlich vermittelt – Bestell-Nr. 12 446
KOHL VERLAG

Lösungen

1 Ein Bild und eine Karte im Vergleich

Aufgabe 1: Individuelle Lösungen

Aufgabe 2:

Aufgabe 3:

Foto	Karte
• Blick schräg von oben; • keine Zeichen (Symbole); • Darstellung dessen, was die Augen sehen; • Dinge sind vorn im Bild größer als hinten im Bild; • Einzelheiten sichtbar, z.B. Anordnung der Bäume, sogar Wellen sind auf dem Wasser zu sehen	• Blick senkrecht von oben; • Zeichen (Symbole); • vereinfachte, symbolische Darstellung; • Zeichenerklärung hier nur beispielhaft; • alles im gleichen Größenverhältnis; • ohne Farben (und deren Erklärung) könnten Flüsse, Wiesen, Brücken Wege und der Park ein See sein

2 Karten – was sind das?

Aufgabe 1:

a) Karten sind Abbildungen.
b) Es gibt Karten von Teilen der Erdoberfläche, von der gesamten Erde und anderen Himmelskörpern.
c) Du schaust in den allermeisten Karten senkrecht von oben.
d) Der senkrechte Blick von oben heißt Draufsicht.
e) In Karten siehst du wirkliche Dinge (sehr) verkleinert.
f) Am Maßstab erkennst du, wie (sehr) Strecken auf der Karte Im Vergleich zur Wirklichkeit verkleinert sind.
g) Symbole sind Kartenzeichen.
h) Die Zeichenerklärung erklärt die Bedeutung der Kartenzeichen.
i) Das Wort Legende stammt aus der lateinischen Sprache.
j) Auf Karten sieht man nur Dinge, die zumindest längere Zeit vorhanden sind oder waren.

3 Erstes Kartenverständnis: Klassenraum als Grundriss

Aufgabe 1: Individuelle Lösungen

4 Schule und Umgebung als Grundriss

Aufgabe 1: Individuelle Lösungen

5 Die Himmelsrichtungen auf Karten

Aufgabe 1: siehe Karte rechts

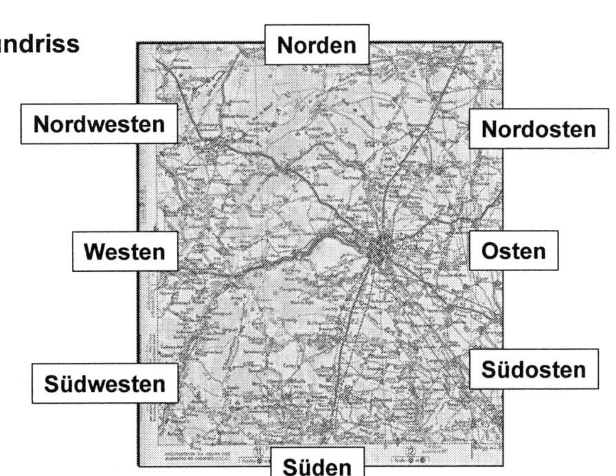

Lösungen

5 Die Himmelsrichtungen auf Karten

Aufgabe 2: Mit beiden Sätzen kann man sich wegen der 4 Anfangsbuchstaben sehr gut die 4 Haupthimmelsrichtungen merken!

Aufgabe 3:
a) im Norden: Dänemark
b) im Osten: Polen, Tschechien
c) im Süden: Österreich, Schweiz
d) im Westen: Frankreich, Luxemburg, Belgien, Niederlande

6 Die Bedeutung von Farben auf Karten

Aufgabe 1: **a)** Blau, Meeresflächen; **b)** Tiefland, Dunkelgrün; **c)** Gelb, Braun; **d)** Rot, Grenzen; **e)** schwarze, gelbe

Aufgabe 2:

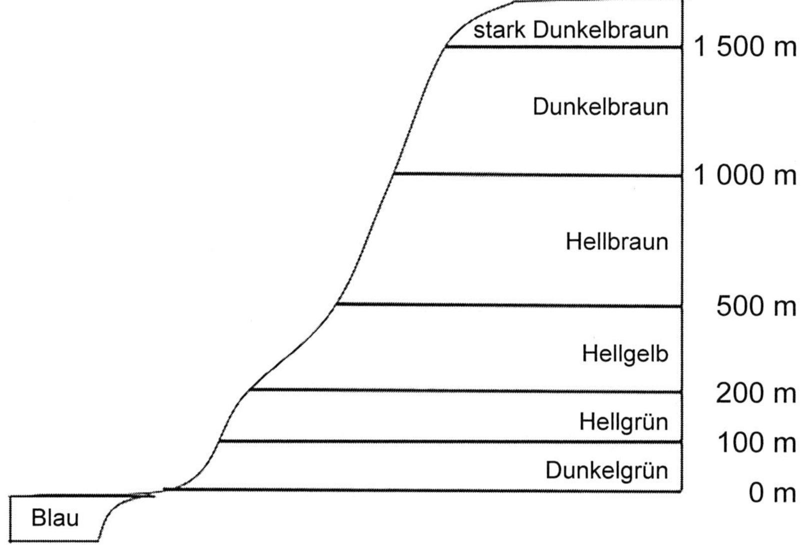

7 Einige Symbole – in Karten verwendet

Aufgabe 1:

Nr.	Symbol	Bedeutung	Nr.	Symbol	Bedeutung
1		Laubwald	2		Nadelwald
3		Mischwald	4		Nordpfeil
5		Fluss, Bach	6	U	U-Bahn-Station
7		See, Teich	8		Denkmal
9		Aussichtspunkt	10		Gras, Wiese
11		Moor, Sumpf	12		Öffentliche Toilette
13		Eisenbahn	14		Straße, Weg
15		Pfad	16		Brücke
17		Burg, Schloss	18		Friedhof
19		Burg-, Schlossruine	20		Kirche, Kapelle
21	i	Touristeninformation	22		Bergwerk
23		Sportplatz	24		Museum
25		Campingplatz	26	H	Hotel
27	P	Parkplatz	28		Restaurant
29		Gebäude	30		Bahnhof
31		Flugplatz	32		Grenze

Karten & Co
Grundkenntnisse verständlich vermittelt – Bestell-Nr. 12 446
KOHL VERLAG

Lösungen

8 Höhenlinien und sonstige Inhalte einer Karte erkennen

Aufgabe 1: Im Westen ist der Berg am steilsten, weil die Höhenlinien hier sehr dicht liegen, im Osten ist er am flachsten, weil sie dort weit auseinander liegen.

Aufgabe 2: Zwischen 2 Bergen fließt von Westen nach Osten ein Fluss durch die Landschaft. Der nördlich des Flusses gelegene Berg ist bewachsen mit Laubbäumen. Oben auf dem 312 m hohen Berg befindet sich ein Denkmal. Auf dem südlich des Flusses liegenden Berg wachsen Nadelbäume. Der Berg hat eine Höhe von 346 m. Eine Ruine steht oben auf dem Berg. Am Fuß dieses Berges (auf seiner Nordost-Seite in unmittelbarer Nähe zum Fluss) ist ein Sportplatz. Östlich der beiden Berge verläuft in Nord-Süd-Richtung eine Straße, die den Fluss überquert. Der Fluss, die beiden Berge, der Sportplatz und die Straße sind umgeben von mit Gras bewachsenen Flächen.

9 Ein Höhenprofil durch Deutschland

Aufgabe 1:

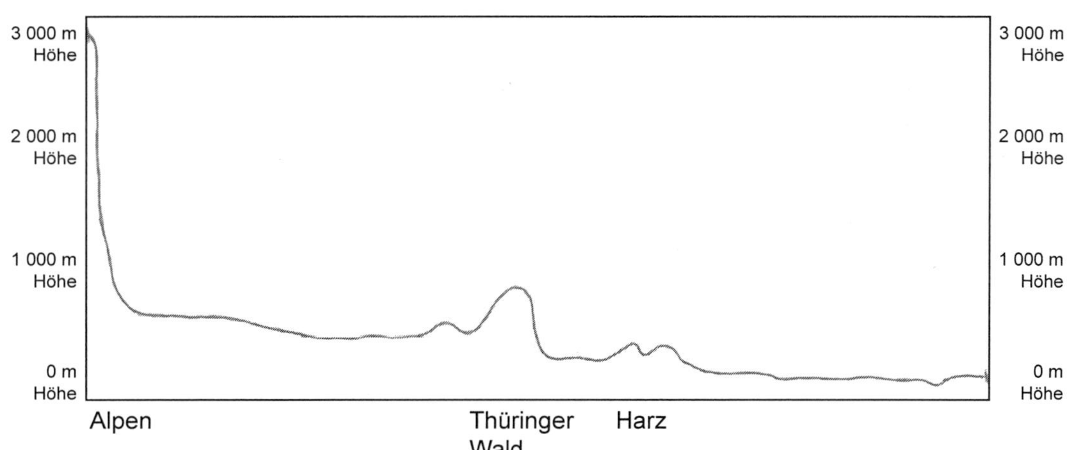

10 Kreuzworträtsel 1

Aufgabe 1: siehe rechts

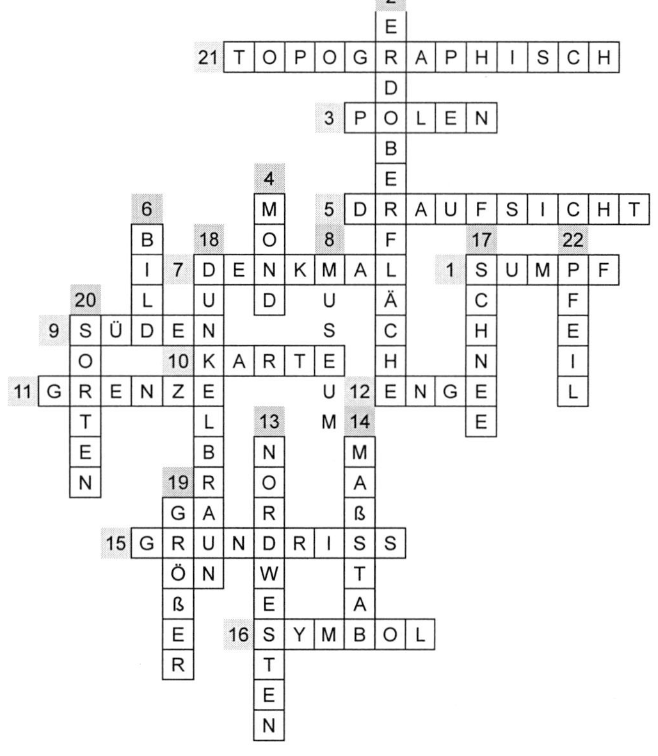

11 Vom Bild oder Phantasiebild zur Karte

Aufgabe 1: Individuelle Lösungen

12 Planquadrate

Aufgabe 1:

A1	B1	C1	D1	E1
A2	B2	C2	D2	E2
A3	B3	C3	D3	E3
A4	B4	C4	D4	E4
A5	B5	C5	D5	E5

Karten & Co Grundkenntnisse verständlich vermittelt – Bestell-Nr. 12 446
KOHL VERLAG

Lösungen

12 Planquadrate

Aufgabe 2: **a)** D3, E4, F3 **b)** E3-E4 **c)** E3 **d)** D1, D2, E2 (3x), F3, D4 (2x), E4 (2x), D5, E5, F5 (2x) **e)** E4 **f)** E3 **g)** D5 **h)** D2-D3-E3-E4 **i)** E2 **j)** E2 **k)** D3

13 Der Maßstab auf Karten

Aufgabe 1:
- **a)** Der Maßstab besagt zahlenmäßig, wie sehr Strecken auf der Karte im Vergleich zur Wirklichkeit verkleinert sind.
- **b)** Der Maßstab wird als Maßstabsleiste und/bzw. als Ausdruck „1 : Maßstabszahl" angezeigt.
- **c)** Man unterscheidet zwischen großen, mittleren und kleinen Maßstäben.
- **d)** Der Maßstab ist groß.
- **e)** Der Maßstab ist klein.
- **f)** Auf Karten mit einem großen Maßstab (= Karten mit einer kleinen Maßstabszahl) wird der Inhalt größer und genauer dargestellt.

14 Umwandlung von Längenmaßen auf Karten

Aufgabe 1:

	Maßstabszahlen	1 cm auf der Karte entspricht in Wirklichkeit
1 :	5 000	5 000 cm = 50 m = 0,05 km
1 :	20 000	20 000 cm = 200 m = 0,2 km
1 :	50 000	50 000 cm = 500 m = 0,5 km
1 :	70 000	70 000 cm = 700 m = 0,7 km
1 :	150 000	150 000 cm = 1 500 m = 1,5 km
1 :	300 000	300 000 cm = 3 000 m = 3 km
1 :	750 000	750 000 cm = 7 500 m = 7,5 km
1 :	860 000	860 000 cm = 8 600 m = 8,6 km
1 :	1 000 000	1 000 000 cm = 10 000 m = 10 km
1 :	1 200 000	1 200 000 cm = 12 000 m = 12 km
1 :	8 000 000	8 000 000 cm = 80 000 m = 80 km
1 :	12 000 000	12 000 000 cm = 120 000 m = 120 km
1 :	25 000 000	25 000 000 cm = 250 000 m = 250 km

Aufgabe 2: **a)** 1 : 30 000 **b)** 1 : 500 000

15 Berechnung von Entfernungen

Aufgabe 1:
- **a)** Berlin – München ca. 10,1 cm ca. 505 km;
- **b)** Düsseldorf – Kiel ca. 8,2 cm ca. 410 km;
- **c)** Saarbrücken – Dresden ca. 10,4 cm ca. 520 km;
- **d)** Hannover – Stuttgart ca. 8,0 cm ca. 400 km

16 Wiederholung Maßstab und Symbole

Aufgabe 1: Richtig sind die Aussagen: b, f, g, i, j.

Aufgabe 2:
- **a)** Normalerweise ist auf Karten Westen links.
- **c)** 225° entspricht der Himmelsrichtung Süd-Westen.
- **d)** Die Schweiz ist ein südliches Nachbarland von Deutschland.
- **e)** „Nie ohne Stiefel wandern!" ist ein Merkspruch für die 4 Haupthimmelsrichtungen.
- **h)** Am oberen Rand der Karte werden die Planquadrate mit Buchstaben alphabetisch angezeigt.

17 Verschiedene Typen von Karten

Aufgabe 1+2: Individuelle Lösungen

Aufgabe 3: **a)** thematische Karte; **b)** topographische Karte; **c)** politische Karte; **d)** physische Karte

Lösungen

18 Atlanten

Aufgabe 1: Individuelle Lösungen

19 Atlas-Rallye

Aufgabe 1:

1	Jadebusen
2	Müritz
3	ca. 1 214 m
4	Hunsrück
5	ca. 190 km
6	ca. 395 m
7	Sizilien
8	Bosporus
9	ins Kaspische Meer
10	Norwegen
11	Alaska
12	Rio Grande
13	Aconcagua

14	ca. 2 850 m
15	Georg von Neumayer-Station
16	bis ca. minus 90 °C
17	Windhoek
18	Kap Verde
19	Atlas-Gebirge
20	Euphrat und Tigris
21	Aralsee
22	Wüste Tharr
23	Mount Kosciuszko
24	Tasmanien
25	Auckland

20 Test 1 bzw. Arbeit 1

Aufgabe 1: **a)** Zeichenerklärung (= Legende) **b)** Maßstabsleiste und/oder Maßstabszahl

Aufgabe 2:

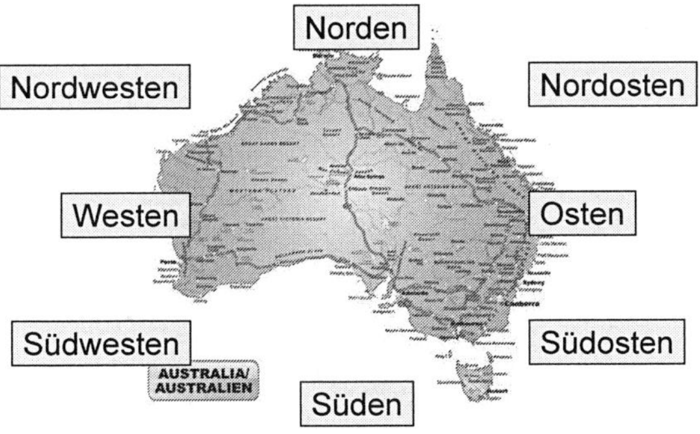

Aufgabe 3:

Blau: Meere, Seen, Flüsse, Kanäle …
Grün: Tiefland, flaches Land …
Braun: Gebirge, Hochland …
Gelb: höher gelegenes Land; manchmal auch Straßen, Autobahnen ...
Rot: Städte, Dörfer, andere Siedlungsflächen, staatliche Grenzen …

Aufgabe 4: Je dichter Höhenlinien nebeneinander verlaufen, desto steiler ist es dort.

Aufgabe 5:

	Laubwald		Nadelwald		Bahnhof
	Burg, Schloss		Denkmal		Brücke
	Burgruine		Straße, Weg		Sportplatz

Aufgabe 6: Planquadrate sind rechteckige Felder (gewöhnlich Quadrate), die an den Kartenrändern mit Buchstaben und Zahlen gekennzeichnet sind. Planquadrate dienen zum Zurechtfinden z.B. in Städten, um Straßen zu finden, die im alphabetischen Straßenverzeichnis genannt werden.

Aufgabe 7:

	Maßstabszahlen	1 cm auf der Karte sind in Wirklichkeit			
1 :	40 000	400	m =	0,4	km
1 :	200 000	2 000	m =	2	km
1 :	15 000 000	150 000	m =	150	km
1 :	100 000 000	1 000 000	m =	1 000	km

Karten & Co
Grundkenntnisse verständlich vermittelt – Bestell-Nr. 12 446

Lösungen

20 Test 1 bzw. Arbeit 1

Aufgabe 8: Wenn 1 cm auf der Karte in Wirklichkeit 50 m sind, ist der Maßstab 1 : 5 000.

Aufgabe 9: Wenn 1 cm auf der Karte in Wirklichkeit 10 km sind, ist der Maßstab 1 : 1 000 000.

Aufgabe 10: • topographische Karten, • thematische Karten

Aufgabe 11: Individuelle Lösungen

21 Der Globus

Aufgabe 1: Individuelle Lösungen

22 Kreuzworträtsel 2

Aufgabe 1:

1 BUCHSTABE
2 BODENSCHÄTZE
3 MITTLERER
4 RUINE
5 PLANQUADRAT
6 WIRKLICHKEIT
7 LUFTLINIE
8 LEGENDE
9 WELTREISE
10 SCHRÄG
11 MAßSTABSZAHL
12 FARBEN
13 KREUZ
14 ROTATION
15 GEORG
16 BAUM
17 THEMATISCHEN
18 TOURIST
19 NATUR
20 SIZILIEN
21 MAGNET
22 SAMMLUNG

23 Gradnetz der Erde – Breitenkreise

Aufgabe 1:

Links: Es gibt 90 nördliche und 90 südliche Breitenkreise. Der Äquator trennt die nördlichen und südlichen Halbkreise.

Rechts: Unterschieden werden 180 westliche und 180 östliche Längen(halb)kreise. Der Nullmeridian trennt die westlichen und östlichen Längen(halb)kreise.

Lösungen

23 Gradnetz der Erde – Breitenkreise

Aufgabe 2: Individuelle Lösungen

Aufgabe 3: Ecuador, Kolumbien, Brasilien, Sao Tome und Principe, Gabun, Republik Kongo, Demokratische Republik Kongo, Uganda, Kenia, Somalia, Indonesien

Aufgabe 4: Individuelle Lösungen

24 Gradnetz der Erde – Längenkreise

Aufgabe 1: Individuelle Lösungen

Aufgabe 2: Großbritannien, Frankreich, Spanien, Algerien, Mali, Burkina Faso, Togo, Ghana, Antarktika

Aufgabe 3: Individuelle Lösungen

25 Koordinaten im Gradnetz

Aufgabe 1: **a)** Moskau (Russland) **b)** New York (USA) **c)** Lima (Peru)
d) Kapstadt (Südafrika) **e)** Tokyo (Japan)

Aufgabe 2: **a)** 50°n.Br./9°ö.L. **b)** 34°s.Br./58°w.L. **c)** 1°s.Br./37°ö.L.
d) 31°n.Br./121°ö.L. **e)** 38°s.Br./145°ö.L.

26 Besondere Breitenkreise

Aufgabe 1:
a) Alaska (USA), Kanada, Grönland (Dänemark), Island, Norwegen, Schweden, Finnland, Russland
b) Mexiko, Kuba, Bahamas, Sahara, Mauretanien, Mali, Algerien, Libyen, Ägypten, Saudi-Arabien, Vereinigte Arabische Emirate, Oman, Indien, Bangladesch, Myanmar, China, Taiwan
c) Chile, Argentinien, Paraguay, Brasilien, Namibia, Botswana, Südafrika, Mosambik, Madagaskar, Australien
d) Antarktika

27 Wiederholung Gradnetz

Aufgabe 1: Richtig sind die Aussagen: b, d, e, g, i.

Aufgabe 2:
a) Das Gradnetz hat insgesamt 180 Breitenkreise und 360 Längen(halb)kreise.
c) Zum geographischen Nordpol und zum geographischen Südpol hin werden die Breitenkreise immer kürzer.
f) Jeder Längen(halb)kreis hat die gleiche Länge.
h) Alle Orte in Deutschland haben Koordinaten mit nördlicher Breite und östlicher Länge.
j) Die Sonne scheint am 21.6./22.6. des Jahres senkrecht auf den nördlichen Wendekreis.

28 Orientierung – Sonne, Fixsterne, Bäume, Kirchen

Aufgabe 1: Individuelle Lösungen

29 Orientierung – Armbanduhr und Sonne

Aufgabe 1: **a)** am Vormittag bei Winterzeit

b) am Nachmittag bei Winterzeit

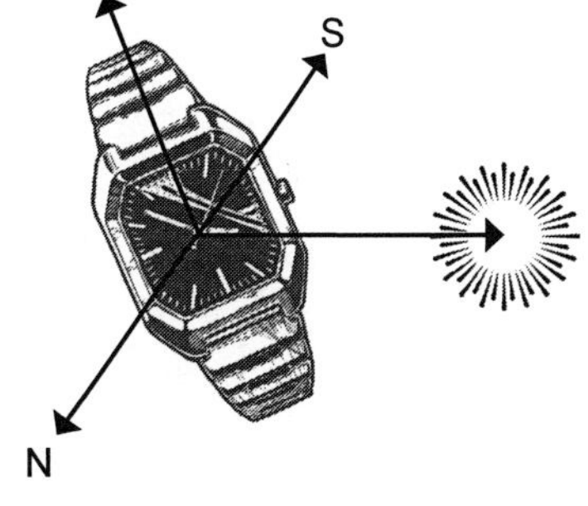

Lösungen

29 Orientierung – Armbanduhr und Sonne

c) am Vormittag bei Sommerzeit

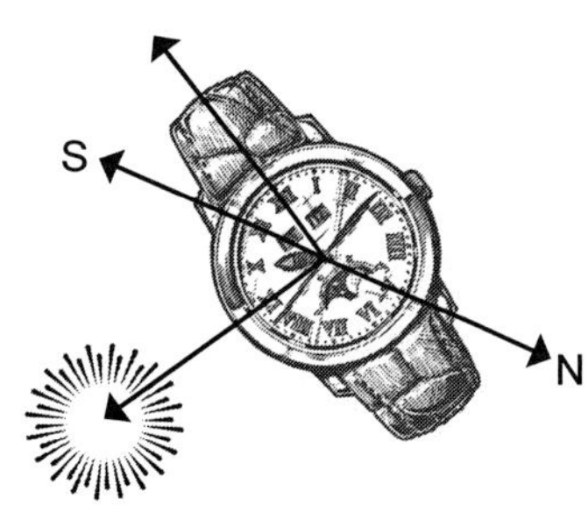

d) am Nachmittag bei Sommerzeit

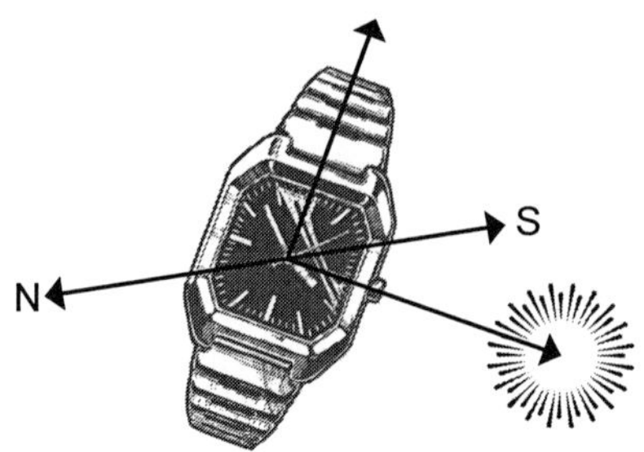

30 Kreuzworträtsel 3

Aufgabe 1:

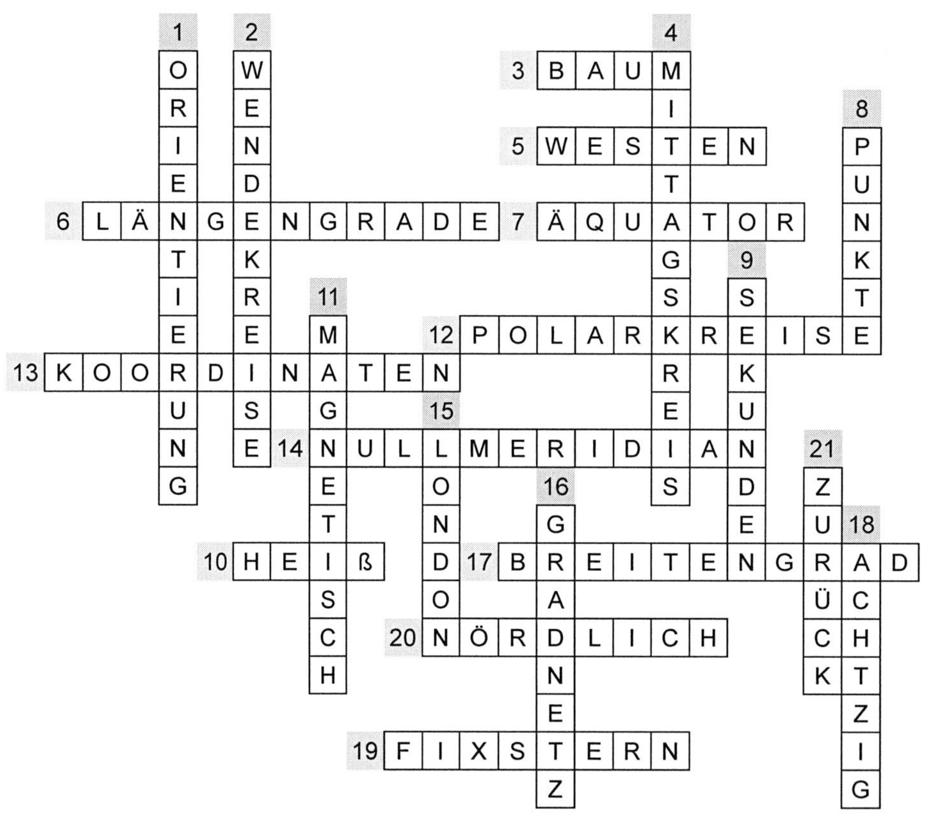

31 Orientierung – Kompasse

Aufgabe 1: Individuelle Lösungen

Aufgabe 2:

- Die Nadel der Magnetkompasse weist nicht zu den geographischen, sondern zu den magnetischen Polen. Die magnetischen Pole verändern ihre Position.
- Die Nadel der Magnetkompasse wird möglicherweise abgelenkt durch in der Nähe befindliche eisen-, nickel- und/oder kobalthaltige Gegenstände.

Aufgabe 3: Magnetkompasse sind ausgerichtet am Magnetfeld der Erde. Dagegen orientieren sich elektrisch betriebene Kreiselkompasse anhand der Rotation und der Rotationsachse der Erde.

Lösungen

31 **Orientierung – Kompasse**

Aufgabe 4:

1	Früher haben sich Seefahrer nach dem Polarstern gerichtet, auf der Südhalbkugel jedoch nach dem „Kreuz des Südens“.
2	Der Polarstern ist ein Fixstern, da er immer an derselben Position steht, und zwar im Norden.
3	Das „Kreuz des Südens“ findet man wegen seiner Bedeutung auf den Flaggen von Australien und Neuseeland.
4	Das Prinzip des Magnetkompasses beruht darauf, die Erde ist selbst ein großer Magnet.
5	Der Magnetkompass zeigt die Nordrichtung nicht ganz exakt an, da die magnetischen Pole der Erde nicht mit den geographischen übereinstimmen.
6	Ein einfacher Magnetkompass ist aber bequem sogar zu Fuß mitzunehmen, ansonsten ist auch die Armbanduhr ein brauchbares Werkzeug zur Orientierung.
7	Ein wenig Geometriekenntnisse sind dafür aber unbedingt notwendig, man muss nämlich einen Winkel per Augenmaß halbieren können.
8	Ohne die Sonne kann man aber allein mit der Uhr nichts anfangen, nachts muss man daher nach dem Polarstern Ausschau halten.
9	Angenommen es ist – tagsüber oder nachts – sehr stark bewölkt, können alleinstehende Bäume oder alte Kirchen noch helfen.
10	Andererseits ist die Sonne allein auch ohne Uhr zumindest grob hilfreich, man muss nur wissen: im Norden ist die Sonne nie.

Lösungswort:

1	2	3	4	5	6	7	8	9	10
S	E	E	F	A	H	R	T	E	N

32 **Navigationsgeräte**

Aufgabe 1: Individuelle Lösungen

Aufgabe 2: Individuelle Lösungen

33 **Wiederholung Orientierung**

Aufgabe 1: Richtig sind die Aussagen: b, d, e, h, i.

Aufgabe 2:
a) Da sich die Erde um sich selbst von Westen nach Osten dreht, ist die Sonne morgens im Osten zu sehen.
c) In Mitteleuropa neigen sich die Baumkronen alleinstehender Bäume häufig in östliche Richtung.
f) Bewegliche Uhren mit Zeigern lassen sich nutzen, um die Himmelsrichtungen zu bestimmen.
g) Magnetkompasse zeigen die Richtungen zu den magnetischen Polen an.
j) GPS steht als Abkürzung für Global Positioning System.

34 **Test 2 bzw. Arbeit 2**

Aufgabe 1:
- die 3 Weltmeere (= Ozeane);
- die Schrägstellung der Erdachse (ca. 23,5°);
- der geographische Nordpol und der geographische Südpol;
- das Gradnetz der Erde;
- die 6 Erdteile (= Kontinente)

Lösungen

34 Test 2 bzw. Arbeit 2

Aufgabe 2:
- Das Gradnetz ist unterteilt in: 90 nördliche Breitenkreise und 90 südliche Breitenkreise, 180 westl. Längen(halb)kreise und 180 östl. Längen(halb)kreise.
- Der Äquator ist der nullte Breitengrad, der geographische Nordpol ist der 90. Breitengrad n.Br., der geograph. Südpol ist der 90. Breitengrad s.Br. Der Nullmeridian ist der nullte Längen(halb)kreis. Der 180. Längen(halb)kreis w.L. und der 180. Längen(halb)kreis ö.L. sind identisch.

Aufgabe 3:
- am Sonnenstand, • am Polarstern, • an der Neigung einzeln stehender Bäume,
- an der Ausrichtung alter Kirchen, • per Kompass

Aufgabe 4-6: Individuelle Lösungen

35 Kreuzworträtsel 4

Aufgabe 1:

36 Wiederholung – was könnt ihr sagen über ...?

Aufgabe 1: Individuelle Lösungen

37 Was man bei Karten bedenken sollte

Aufgabe 1: **a)** verzerren **b)** flächentreu **c)** Globusse **d)** erfüllt **e)** winkeltreu **f)** gering **g)** beträchtlich **h)** vermitteln **i)** Navigationskarten **j)** Verkehrskarten